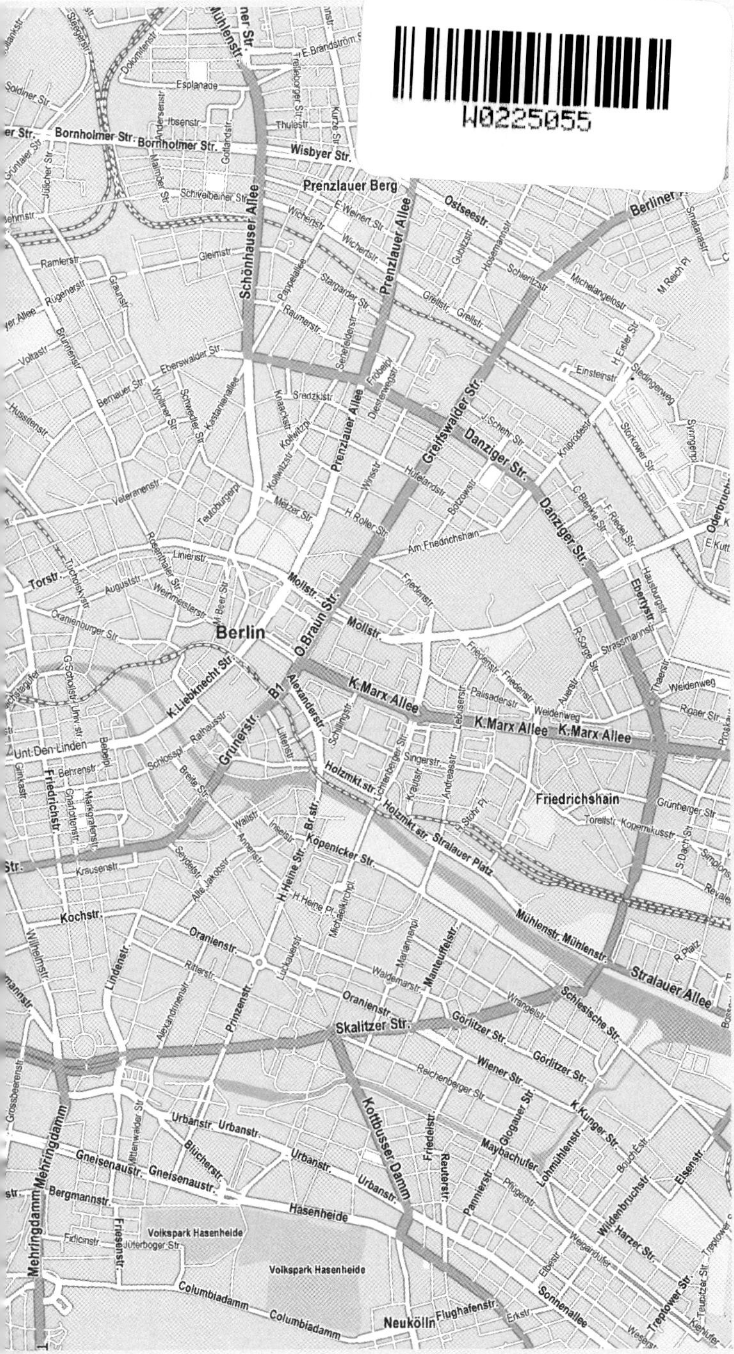
Prenzlauer Berg
Berlin
Friedrichshain
Neukölln
Schönhauser Allee
Prenzlauer Allee
Greifswalder Str.
Danziger Str.
Bornholmer Str.
Wisbyer Str.
Ostseestr.
Berliner
Torstr.
Mollstr.
O.Braun Str.
K.Marx Allee
K.Liebknecht Str.
Alexanderstr.
Grunerstr.
B1
Unt.Den Linden
Friedrichstr.
Holzmkt.str.
Stralauer Platz
Mühlenstr.
Stralauer Allee
Köpenicker Str.
Kochstr.
Oranienstr.
Skalitzer Str.
Görlitzer Str.
Schlesische Str.
Wiener Str.
Kottbusser Damm
Urbanstr.
Gneisenaustr.
Hasenheide
Mehringdamm
Bergmannstr.
Volkspark Hasenheide
Columbiadamm
Sonnenallee
Treptower Str.
Wildenbruchstr.
Lindenstr.
Prinzenstr.
Blücherstr.
Maybachufer
Frankfurter Allee
Eberswalder Str.
Bernauer Str.
Brunnenstr.
Am Friedrichshain
Ebertystr.
Weidenweg
Rigaer Str.
Grünberger Str.
Lohmühlenstr.
Glogauer Str.
Reuterstr.
Friedelstr.
Flughafenstr.
Pannierstr.
Harzer Str.
Elsenstr.
K.Kunger Str.

Berlin

die Gastronomie, beschrieben und bewertet von

Wolfram Siebeck

BERLIN

DIE GASTRONOMIE, BESCHRIEBEN UND BEWERTET VON

WOLFRAM SIEBECK

DIE ZEIT

BSV
Burgschmiet Verlag

Fotos:
Wolfram Siebeck
Porträtfoto Seite 12:
Herbert Lehmann, Wien
Fotos der Menükarten:
Fotografie Petzold, Nürnberg

Die Informationen in diesem gastronomischen Führer sind ständigen Veränderungen unterworfen. Für die Richtigkeit der Angaben kann deshalb keine dauerhafte Gewähr übernommen werden.

Layout, Satz und Lithos:
GDC, Nürnberg

Widmung

Für Barbara,
meine unermüdliche Mitläuferin

inhalt

first class

business class

economy class

inhalt

Die Berliner waren zu keiner Zeit als Feinschmecker bekannt. Sie erwarben sich ein dauerhaftes Renommee als Liebhaber der Currywurst, der Stehimbisse und Billigkneipen. Eine anspruchsvolle Gastronomie hat es in dieser Stadt nie gegeben. Anders als die Eliten in Paris und London hatte die preußische Oberschicht kein Verlangen nach Luxus und Lebensgenuss. Nicht erst seit der erzwungenen Teilung, auch vorher waren Sechstagerennen und Truppenparaden bei den Berlinern populärer als ein Abendessen bei Horcher, dem einzigen Restaurant von internationalem Ruf.

Das alles hat sich dramatisch geändert. Allerdings ist eine zivilisierte, urbane Lebensart noch nicht so weit entwickelt, dass Stadtneurotiker, Flaneure und Geschäftsleute die Mittagszeit zu genussvollen Besuchen der lokalen Gastronomie benutzen, wie das in europäischen Metropolen selbstverständlich ist. In Berlin sind mittags die meisten Restaurants geschlossen.

Also scheinbar das bekannte preußische, genussfeindliche Tableau von ehedem – wäre da nicht die vielversprechende Analyse, die Karl Scheffler schon 1910 der Stadt gestellt hat, dass nämlich Berlin „verdammt ist, immerfort zu werden und nicht zu sein". Diese Chance hat die Gastronomie der neuen Hauptstadt erkannt und wunderbarerweise wahrgenommen.

Was da geworden ist (und weiterhin wird), habe ich mehr oder weniger geduldig erschnüffelt, erschmeckt und immer wieder in DIE ZEIT kommentiert. Darüber hinausgehend bietet dieses Buch dem interessierten Feinschmecker einen aktuellen Überblick über die Möglichkeiten, in Berlin mit Genuss in allen Preislagen zu essen. Das bedeutet nicht, dass ich überall gewesen wäre, wo ein mehr oder weniger kühner Unternehmer mit der Mikrowelle zu hantieren versteht. Ich habe mich, wie jeder Tourist, auf die interessanten Zentren Berlins beschränkt.

Wie in allen Metropolen, deren Gastronomie für das Bild der Stadt relevant ist, lassen sich auch in Berlin die Restaurants in drei Klassen analog zum Luftverkehr aufteilen:

First Class. Bedeutet Luxus, kombiniert mit hohen kulinarischen Ansprüchen. Diese sind fast ausschließlich der Haute-Cuisine verpflichtet, das heißt, in dieser Kategorie spielen Edelprodukte eine große Rolle, von der Foie gras bis zum Trüffel, vom Hummer bis zur Bresse Poularde. Der Luxus manifestiert sich in der Tischkultur und der aufwändigen Dekoration, zahlreichem Personal und entsprechend hohen Preisen. Der jeweilige Küchenchef ist ehrgeizig bis zur Selbstaufopferung, er ist gewohnt interviewt zu werden und erwartet den Sternesegen des Roten Guide

Michelin wie der Reisbauer den Monsun. In den Restaurants dieser Kategorie ist Tischbestellung am Abend unerlässlich.

Business Class. Auch hier geht es kulinarisch zu; der Küchenchef hat einen über das Normale hinausgehenden Ehrgeiz – aber meistens nicht so viele Mitarbeiter in Küche und im Saal, um die Kriterien der 1. Klasse zu erfüllen. Auch bei der Dekoration werden Konzessionen an die Rentabilität gemacht. Doch beim Essen bemüht er sich, mit den Spitzenköchen der Stadt mitzuhalten. Die Preise liegen deutlich über denen der folgenden...

Economy Class. Dies ist die häufigste Form der Großstadtgastronomie: Restaurants für den täglichen Gebrauch, erschwingliche Preise, ein hoffentlich ehrgeiziger Küchenchef, der oft allein am Herd steht, eine im günstigen Fall sehr persönliche Bedienung und eine lockere Atmosphäre. Die kann vom Szenelokal in einem Kiez reichen bis zum angestrengten Bemühen, auf bescheidenem Niveau hohe Qualität zu liefern. In dieser Kategorie wird der Berlinbesucher die schönsten Entdeckungen machen. Und sei es die, dass die populäre Berliner Küche italienische Eltern hat.

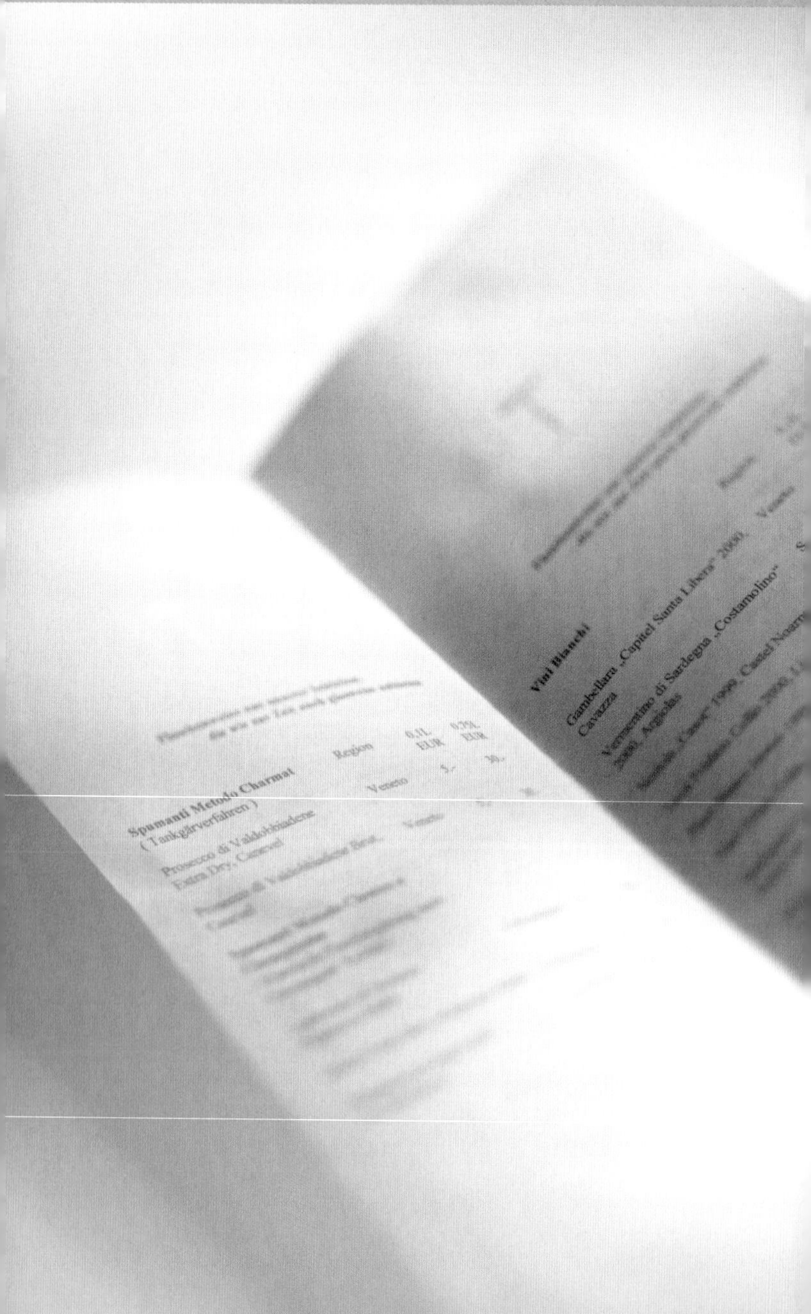

– Luxus –

Das absolut beste Restaurant gibt es so wenig
wie das absolut beste Kunstwerk
oder den absolut besten Wein.

vau

vau

jägerstraße 54 - 10117 berlin
telefon 030 / 20 29 73-0
www.viehauser.de/vau/

mo - sa 12.00 - 14.30 uhr
19.00 - 22.30 uhr

V bedeutet Viehauser, und Josef Viehauser betreibt in Hamburg das Restaurant Le Canard. Sein Merkzeichen ist die Neue Sachlichkeit, eine No-Nonsense-Küche, deren Stil durch scheinbare Einfachheit bestimmt wird. Theoretisch erlaubt er nur drei verschiedene Elemente auf dem Teller, nicht mehr. In Zeiten der Kunstküche, in denen den Köchen eine angestrengte Kreativität über alles geht, ist Viehausers radikale Absage an aufgemotzte Tellerdekorationen nichts weniger als eine Revolution.

Das VAU hat er zwar gegründet und dort auch seine Anweisungen hinterlassen, aber hier kocht er nicht. Sein Berliner Stadthalter heißt Kolja Kleeberg. Beim VAU handelt es sich um ein Designer-Lokal. Darunter versteht man ein Ambiente, das in krassem Gegensatz zur bisher üblichen Gasthausgemütlichkeit steht. Die Anhänger des Designs finden es trotzdem gemütlich; die meinungslose Mehrheit hat sich daran gewöhnt. Im Vau ist das Design keineswegs krass und hysterisch modern. Klar und einfach heißen die Losungswörter. In diesem Fall sind das edle Hölzer, und an den Wänden moderne Kunst in Großformaten, sowie frei schwingende Stühle der Firma Thonet an den runden Tischen. Doch was daran auch modern wirken mag, Kolja Kleeberg ist diesem Zeitgeschmack Meilen voraus. Woran erkenne ich das? Am Kartoffelhaschee mit Kaviar, das er früher auf der Karte hatte als all die anderen, die das auch für fortschrittlich halten. Und möglicherweise den Kaviar weglassen, der zusammen mit Schnittlauchbutter dem Ganzen erst den richtigen Pepp gibt. Zukunftsweisend sind auch die (von

vau

Viehauser angeregten) Einheitspreise für die einzelnen Gänge des Menüs: 12 € pro Gang. Eine geniale und großzügige Einrichtung. Drei Gänge für 36 € in einem Restaurant der First Class, das ist, auch wenn sie nur zur Mittagszeit geboten wird, eine seltene Gelegenheit, am kulinarischen Glück teilzunehmen. Das beginnt schon beim Amuse-Gueule. Denn Kolbergs Appetitanreger geben bereits das Leitmotiv seiner Küche an, diese staunenswerte Kombination von präzise gewürzten, einfallsreichen Kleinigkeiten, die das Geheimnis der wahren Gourmet-Küche enthüllen: das scheinbar Einfache ist in Wahrheit hochkompliziert. So nimmt er das Vitello tonnato beim Wort und legt als Amuse-Gueule zwei dünne Kalbfleischscheiben und dazwischen eine Scheibe Thunfisch auf den Teller. Nur wenige Gäste durchschauen den Trick und stören sich nicht einmal daran, wenn sie Thunfisch nicht mögen. Denn wie alles, was diese Küche verlässt, ist auch diese Kleinigkeit großartig gewürzt. Und da die grandiosen Weine, die der Restaurantdirektor kenntnisreich empfiehlt, alle vernünftig kalkuliert sind, ist das Vau für mich das preiswerteste Gourmet-Lokal von Berlin.

VǍU

first floor

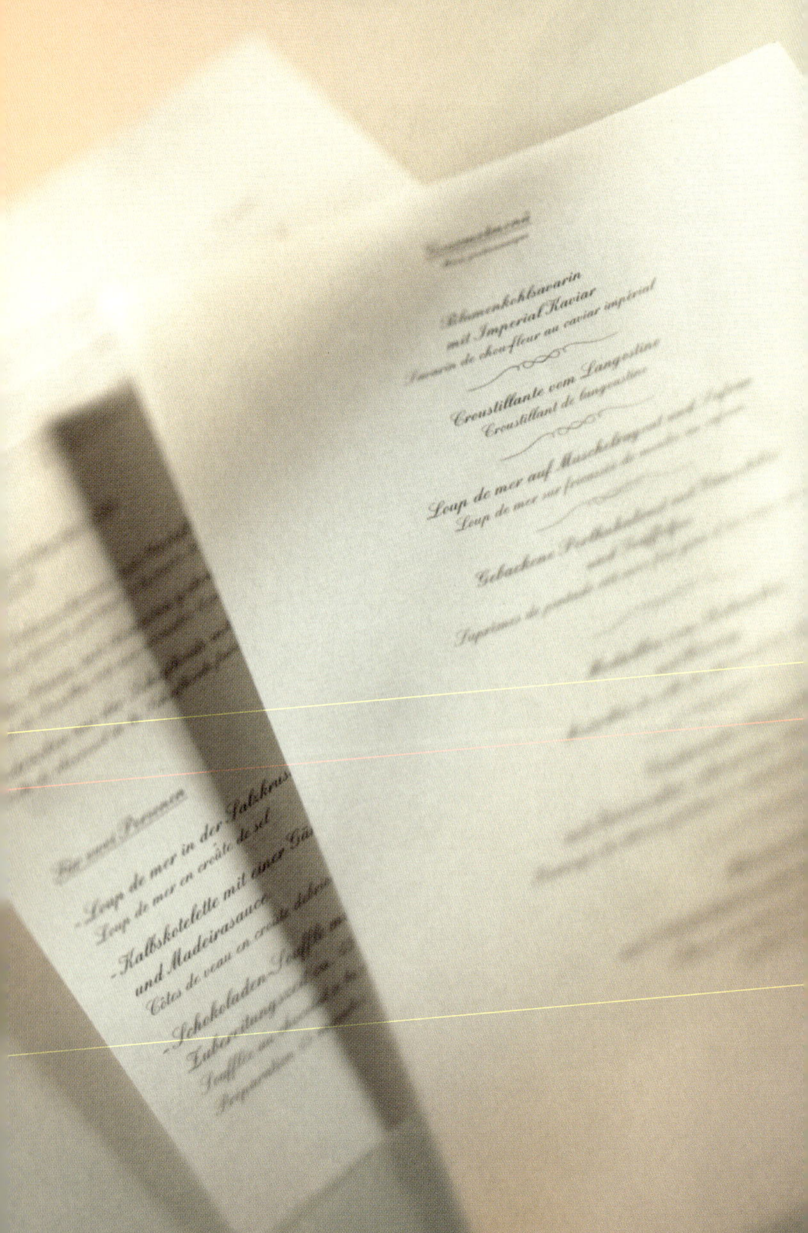
mit Imperial Kaviar
Croustillante vom Langostine
und Madeirasauce

hotel palace berlin
budapester straße 45 - 1o787 berlin
telefon: 030 / 25 02-10 20
www.palace.de

mo - so 18.00 - 22.30 uhr
sa außerdem 12.00 - 14.30 uhr

Dieses prominente Gourmet-Restaurant im ersten Stock des Palace Hotels teilt mit anderen Hotelrestaurants nicht nur den Vorzug, mittags geöffnet zu sein, es gehört auch zu der Handvoll von Adressen, die ein Michelinstern schmückt. Darüberhinaus wird es inoffiziell als Berlins beste Küche geführt; wobei die persönlichen Vorlieben der Bewerter verständlicherweise den Ausschlag geben.

Der Eingang und vor allem das Ambiente hinter der Tür, also die so genannte Hotelhalle, ist einem Stil verpflichtet, der analog zu dem damals aktuellen Armaturendesign der Autos, „Mäusekino" genannt werden

first floor

könnte. Doch das vergisst man, wenn man die kurze Treppe in den ersten Stock erklettert und im „First Floor" landet. Hier beginnt die Welt der Feinschmeckerei, und das Attribut kompromisslos ist nicht fehl am Platze. Das Restaurant könnte in einem Transatlantik-Liner der Luxusklasse installiert sein, so pompös-kulinarisch ist alles, vom bunten Glasdach über die halbrunden Sofas, die Kristallkaraffen und -flaschen auf den Beistelltischen und die anderen Edeldekorationen bis zu den korrekt gekleideten Kellnern, die nur eines signalisieren: Halt's Maul und genieße! Mit anderen Worten, wer hier isst und keine Beklemmungen kriegt, weiß was die Feinschmeckerei von ihm verlangt. Nicht überraschenderweise ist auch die Küche des Matthias Buchholz auf diesen Stil eingestellt. Es ist alles vom Feinsten. Trotzdem wird hier nicht in erster Linie für Kulinar-Snobs gekocht.

Dazu ist der Küchenchef zu klug und zu routiniert. Man könnte das anlässlich eines Haschees von Jakobsmuscheln bezweifeln, das er mit Kaviar krönt. Es war Bestandteil eines Menüs. Aber auch à la carte werden Variationen von der Jakobsmuscheln mit Kaviar versprochen, die als Einzelgericht fast soviel kosten wie ein 3-gängiges Lunch-Menü für 40,- €.

Wieder einmal musste ich mir bei meinem letzten Besuch sagen lassen, der Chef sei heute nicht im Haus. Welcher Chef ist das schon?

Dass ich mich zum klaren und schmucklosen Stil des Josef Viehauser bekenne und zu den ähnlich konsequent der Gradlinigkeit verpflichteten Menüs von „Ana e Bruno", ändert nichts an den glücklichen Stunden, die ich bei deren Berliner Kollegen verbracht habe. Das „First Floor" gehört dazu. Wer in Berlin ins Hotel Palace geht um gut zu essen, kann kein Ignorant sein. Tadelloser Service und teure Menüs (nur mittags ist das Menü „Mythique" für 40,- € zu haben, bei dem man über die etymologische Bedeutung des Wortes Mythique grübeln kann). Aber auch dieses Billigangebot ist empfehlenswert. Die À la carte-Küche ist jedenfalls erstaunlich gut, sowohl was die Kompositionen der Gerichte angeht als auch die Weise, wie hier gewürzt wird. Nicht extrem scharf oder sonstwie prononciert, aber auch nie zu flach, zu fad und zu ängstlich, wie das von unsicheren Jungköchen generell praktiziert wird. Zu deren Unarten gehört auch die hier beliebte Verwendung des Elektroquirls zur Herstellung von Schaumsaucen und -suppen. Wenn aber bei acht Tellergerichten nur einmal die (überaus frischen und saftigen) Krebsschwänze unter Salzmangel litten, dann ist das eine außerordentlich positive Bilanz, die zusätzlich noch aufgewertet wird durch die interessanten Aromen, welche die Gemüse zum Kaninchenrücken, zum Lammrücken und zum Steinbutt auszeichneten. Letzerer hatte sich allerdings zu lange in der Hitze aufgehalten und seine Saftigkeit eingebüßt. Dafür entschädigten die früher eher beklagten Desserts. Das Angebot der Weinkarte hat sich enorm verbessert, wer hier nichts findet, was Freude macht, weiß nicht, wo die Blumen sind.

zum hugenotten

hotel inter-continental
budapester straße 2 - 10787 berlin
telefon 030 / 26 02 12 63
www.berlin.interconti.com
mo - sa ab 18.00 uhr

Im Gegensatz zu der immensen und modernen Halle dieses Grand Hotels ist das Gourmet-Restaurant klein und kuschelig. Letzteres allerdings nicht im Sinne einer guten Stube; es fehlt hier bloß die moderne Coolness, die für Berlins Gastronomie so unentbehrlich scheint. Im „Hugenotten" sitzt man wie in einem eleganten französischen Restaurant der Oberklasse. Da fehlen weder die hohen Lehnen der Sessel im Stil des dreizehnten Ludwig, noch die Anrichte mit dem weißen Porzellan. Die Beleuchtung ist angenehm und der Service vorbildlich.

Auch die Speisekarte besitzt das Flair festlicher Kulinarik, was bedeutet, dass sie groß und aufwändig gestaltet ist. Der Inhalt jedoch ist karg. Das ist ja nicht grundsätzlich zu bedauern, denn so kann man damit rechnen, dass die wenigen Gerichte frisch und mit der Sorgfalt zubereitet werden, die man von Spitzenküchen erwartet. Auf den zweiten Blick entpuppt sich die scheinbare Beschränkung als Augentäuschung. Denn die Vielfalt versteckt sich in zwei Menüs. Das größte besteht aus zehn Gängen, folgt also der in Deutschland von Dieter Müller eingeführten Abfolge von winzigen Leckerbissen, ein Traum für wirkliche Genießer, der allerdings seinen Preis hat: 127 €. Doch für 100 € ist man schon mit sechs Gängen dabei und kann sich an Hummer, Jakobsmuscheln, gebratene Foie gras, Milchkalbrücken, Käse und Dessert erfreuen. Dabei – wie bei den anderen À la carte-Gerichten – ist es vor allem die sorgfältige Aromatisierung der Details, die Freude macht. Das getrüffelte Kartoffelpüree, das Petersiliengemüse, die

zum hugenotten

Festigkeit des Müritz-Lamms und die Seafood-Lasagne mit Madrascurry sind allesamt Beispiele für eine verfeinerte Kochkunst ohne nervöses Schielen nach modischen Effekten.

Der Küchenchef Thomas Kammeier gehört zu jenen besonnenen Köchen, die ihr Vorbild in der Haute Cuisine finden und nicht in den Knopflöchern des Zeitgeists.

lorenz adlon

hotel adlon
unter den linden 77 - 10117 berlin
telefon 030 / 22 61-19 60
www.hotel-adlon.de
di - sa 18.00 - 23.00 uhr

In der ersten Hälfte des vergangenen Jahrhunderts war das Adlon das Flagschiff von Berlin. Wie das Waldorf Astoria in New York symbolisierte das Grand Hotel am Brandenburger Tor Reichtum und Macht. Nach der Zerstörung im Krieg ist es von der Kempinski-Gruppe völlig renoviert worden und hat seinen alten Ruf wiederhergestellt, obwohl gewisse kleinbürgerlich-neureiche Akzente nicht zu übersehen sind. Das Gourmet-Restaurant des Hotels heißt „Lorenz Adlon" und ist ein gutes Beispiel für das, was man in Berlin unter Glanz verstand. Seine Prächtigkeit ist protzig, seine Eleganz theatralisch. Die von Gastronomen

lorenz adlon

beklagte Schwellenangst der Deutschen wird hier geradezu gezüchtet. Deshalb sitzen sie im Halbdunkel wie die Wachsfiguren im Musée Grevin und wagen den Mund kaum aufzumachen. Die Kellner schweben drei Zentimeter über dem Boden, und wer einen Goldrahmen für die eigene Bedeutung sucht, hier findet er ihn. Die Küche unterstreicht den Prunk des Ambientes mit ebenso prunkvollen, komplizierten und total uninteressanten Gerichten. Vielleicht sind die gar nicht so uninteressant, aber sie kommen hier um ihre Wirkung wie ein ländliches Picknick neben einem Ameisenbau. Es ist zu viel des Guten, daher ist es langweilig.

HOTEL ADLON

ana e bruno

Seit Jahren wird dieses Restaurant im westlichen Charlottenburg von der Lokalpresse als „Edelitaliener" bezeichnet. Nichts könnte falscher sein als diese oberflächliche Beschreibung.

„Ana e Bruno" ist eines der besten Restaurants auf deutschem Boden; in Italien kenne ich keines von derartigem Glanz. Dieser Glanz geht allein von der Küche aus, wo seit neun Jahren Gianni Gillone am Piano steht. Was er unter dem wachsamen Auge seines Patrons, des Bruno Pellegrini, kocht, ist Kochkunst in höchstem Grade. So modern und raffiniert, so preziös und originell kochen nur die besten seiner Zunft. Deshalb ist es eine Schande für Michelin, dass „Ana e Bruno" nicht schon lange einen Stern (gerechterweise zwei Sterne) besitzt. Nur wenige Spitzenköche wie Vigato („Apicius" in Paris) und der Elsässer Jean-Georges Klein („L'Arnsbourg") verfügen über die kulinarische Intelligenz, die bei der Entscheidung für eine Zutat, für ein Aroma so wichtig ist. Sechs Gänge und kein einziger Schwachpunkt, sondern sechs staunenswerte Höhepunkte – welches Restaurant betritt man mit solchen Erwartungen? Die bei „Ana e Bruno" praktizierte Kochkunst hat mit italienischer Küche wenig zu tun. Denn drei dünne, mit Foie gras gefüllte Ravioli hat heute jeder ehrgeizige Küchenchef im Repertoire, von den Mittelmeerfischen ganz zu schweigen. Richtige Nudelgerichte, die in Berlin täglich tonnenweise in den verweichlichten Mägen landen, stehen bei „Ana e Bruno" nicht auf der Karte. Es ist die Art und Weise der Zubereitung, also der Stil des Chefs, der den Rang einer Speise bestimmt. Und, natürlich, seine

ana e bruno
sophie-charlotten-straße 101 - 14059 berlin
telefon 030 / 3 25 71 10
www.ana-e-bruno.de
di - sa 18.30 - 24.00 uhr

ana e bruno

Kunst des Schmeckens und Würzens. Das alles genießt man hier in einer beglückenden Vollkommenheit, zu der die Weinkarte nicht wenig beiträgt. Sie ist, neben Signor Pellegrini und seinem Team, so authentisch italienisch, dass hier wohl der Grund zu suchen ist, dass „Ana e Bruno" den Italo-Restaurants zugeordnet wird.

Besucht wird das Restaurant jedenfalls nicht von Gästen, die im Salat den Mozzarella suchen oder auf den Parmesanreiber warten. „Ana e Bruno" ist ein Gourmet-Treffpunkt reinsten Wassers, wenn ich das angesichts der Weinkarte mal sagen darf. Wer bisher glaubte, gute Italiener getrunken zu haben, sollte sich hier vom Patron eines Besseren belehren lassen, wie überhaupt ein individuelles Menü, vom Küchenchef Gillone zusammengestellt, in seiner Wirkung auf die Glück auslösenden Zellen schwerlich übertroffen werden kann. Natürlich setzt das beim Gast die Übereinstimmung mit den stilistischen Eigenarten dieser Küche voraus. Das bedeutet eine Vorliebe für klare Linien, eindeutige Aromen und eine Schlichtheit, die im Gegensatz zum Imponiergehabe der Jongleure und Feuerwerker auf das ganze effektvolle Getöse verzichtet, das weltweit immer noch kennzeichnend ist für das, was die Öffentlichkeit Kochkunst nennt. In diesem Eckrestaurant im Berliner Westen lernt man die Wahrheit kennen.

margaux

margaux
unter den linden 78 - 10117 berlin
telefon 030 / 22 65 26 11
www.margaux-berlin.de
mo - sa 12.00 - 14.00 uhr
19.00 - 23.00 uhr

Genau gegenüber dem Adlon, auf der anderen Straßenseite, wenn man denn „Unter den Linden" eine Straße nennen darf, ist das Gegenstück zum Restaurant Lorenz Adlon. Ebenfalls prunkvoll, kostbar und atemberaubend teuer. Aber über all der Eleganz, die hier das Ambiente bildet, liegt eine wohltuende Schicht von Professionalität, die nie das Gefühl aufkommen lässt, man habe die hohe Rechnung wegen einer Opernaufführung bezahlt, in deren Pausen man zusätzlich beköstigt wurde. Hier beeindruckt die Küche trotz ihrer Virtuosität, weil die praktizierte Kochkunst nicht ins l'Art pour l'Art abrutscht. Dabei wird hier sehr kunstvoll gekocht. Kunstvoll und auch kompliziert, wie sich das in der verfeinerten Küche gehört. Aber sie müssen in der Küche ein Antischleudersystem eingebaut haben, das jeden Übermut der Köche ausgleicht und quietschende Sinnlosigkeiten verhindert. Wenn beispielsweise Michael Hoffmann, der Küchenchef, neben den edlen Steinbutt die ordinäre Sardine platziert, so versöhnt einen das dabei entstehende Aroma mit der kreativen Willkür. (Wozu selbstverständlich noch etwas Spezielles beiträgt, das das Geheimnis des Küchenchefs bleibt.)

Andere Überraschungen sind das Cassoulet, ein bäuerischer Bohneneintopf mit Gans und Lammfleisch, der hier als Hauptgericht das Bodenständige symbolisiert (ohne – das versteht sich von selbst – der deftige Sattmacher zu sein, als der er in der Region von Toulouse aufgetischt wird.) Das Margaux, welches man durch den Eingang in der Wilhelmstraße betritt, gibt sich schon auf den ersten Blick als anspruchsvoll und

margaux

hochklassig zu erkennen. Vor allem abends, wenn die Beleuchtung aus den Onyxquadern für jene Stimmung sorgt, die das Alltägliche ausklammert und den sakralen Kitsch um Haaresbreite vermeidet. Im Schein der Onyxsäulen verbreiten die Kellner beruhigende Kompetenz, ob sie die Speisekarte erklären oder ob Herr Zhouleh, der fabelhafte Sommelier, einen der unzähligen Weine empfiehlt, die die Weinkarte des Restaurants zu einem dicken Buch haben werden lassen.

Das Margaux gehört in die internationale Klasse der Luxusrestaurants, deren Namen von Feinschmeckern weltweit gehandelt werden. Dass es in Berlin existieren kann, ist ein Glücksfall und ein gutes Zeichen für die werdende Metropole.

GAUX

facil

Als es ihm in Viehausers Presseclub zu langweilig wurde, weil die erhofften Gäste aus der Journalistenriege ausblieben, wechselte René Conrad ins Hotels „Madison" am Potsdamer Platz. Für das völlig neue Restaurant im 5. Stock brauchte man einen guten Küchenchef, und er war genau der richtige Mann.

Abgesehen von seiner kulinarischen Qualität fällt das „Facil" auch optisch aus dem Rahmen. Es ist so etwas wie ein japanisches Glashaus, das sich auf einer Dachterrasse in einem Bambuswäldchen verbirgt, bei schönem Wetter verschwinden die gläsernen Wände, und auch das Glasdach öffnet sich für den Gast, der das spätestens merkt, wenn er mit dem Kopf im Nacken seinen Wein schluckt. Übrigens hervorragende Flaschen; vor allem aus der Wachau fehlt nichts, was Freude macht: Knoll, Hirtzberger, F.X. Pichler sind mit ihren besten Lagen vertreten. Das reicht schon mal für einen Sommertag, den man auch im Freien vor dem Großen Glas unter Sonnenschirmen verbringen kann. Eine Oase zwischen den steinernen Türmen des Potsdamer Platzes, zu deren Annehmlichkeiten auch eine gebührenfreie Garage für Gäste gehört. Nicht dass diese darauf angewiesen sein dürften. Das „Facil" gehört eindeutig in Berlins 1. Kategorie, mit entsprechenden Preisen. (Menüs von 72 € (vegetarisch) bis 113 €). Mittags kann der klamme Gast aber auch nach der Methode Viehauser sparen: Pro Gang zahlt er dann nur 11 neue Silberlinge.

Dafür kocht Conrad fast zu gut. So leicht und zart und ästhetisch sind seine Speisen, dass man Mühe hat, sich an Vergleichbares zu erinnern. Die Raffinesse

hotel madison berlin
potsdamer straße 3 - 10785 berlin
telefon 030 / 5 90 05 12 34
www.madison-berlin.de

mo - fr 12.00 - 15.00 uhr
19.00 - 23.00 uhr

facil

seiner Tarte Normande oder seiner Crème brulée sind Höhepunkte moderner Küche. Auf wunderbare Weise harmonieren seine Delikatessen mit dem schlanken Design der Bestecke und dem klaren Weiß des Porzellans. Alles ist von eleganter Schlichtheit, dem Bambus angemessen, und allein deshalb ein Labsal nach all dem aufgedonnerten Prunk in den Tempeln der Kochkunst. Jil Sander statt Lacroix.

Natürlich kommt man am asiatischen Einfluss nicht vorbei, wenn man die Ästhetik der Tellergerichte des René Conrad beschreiben will. Die ist weit entfernt von den safrangelben Schlabberpilzen fernöstlicher Reisgerichte. Conrads aufs Wesentliche komprimierte, kleine Portionen sind zunächst einmal das Gegenteil der bürgerlich-barocken Küche, welche so entlarvend gut zum Berliner Schinkelkult passt. Das wird sich schnell herumsprechen und die üblichen Folgen haben. Man kann also erwarten, dass mit der Eröffnung dieses gepflegten Restaurants ein neuer Abschnitt für die hauptstädtische Gastronomie beginnt. Möglich wäre es, dass Conrad in Berlin die Rolle übernimmt, die Witzigmann vor fast dreißig Jahren in München spielte, als er den weiß-blauen Bratenduft der Haxnküchen verscheuchte. Irgendeiner unserer jungen Ehrgeizlinge wird sich das eines Tages ohnehin zumuten müssen. Warum nicht Conrad? Ich habe jedenfalls lange keinen so vielversprechenden Küchenchef erlebt.

die quadriga

hotel brandenburger hof
eislebener straße 14 · 10789 berlin
telefon 030 / 21 40 56 50
www.brandenburger-hof.com
mo - sa ab 19.00 uhr

Wieder bedurfte es eines besseren Hotels, um einem Feinschmeckerrestaurant eine Überlebenschance zu geben. Das Hotel beim Rankeplatz schmückt sich schon seit Jahren mit einem Michelinstern für sein Restaurant, und das zu Recht, auch wenn die Leistungen der Küche nicht gleichmäßig sind. So stören die langen Wartezeiten zwischen den Gängen, die Enge des kleinen Raumes, wo die Unterhaltung an den Nebentischen unüberhörbar ist und die formschönen Designerstühle zu niedrig und extrem unbequem sind. Auch das bescheidene Amuse-Gueule in Form einer hart und trocken frittierten, mit Fleischhack gefüllten Teigkugel war kein glorioser Auftakt. Um so leckerer danach eine Rehessenz unter einer Blätterteighaube mit einer Blutwurstravioli und vielen Trüffelscheiben, welche wieder einmal wenig Aroma hatten. Darüber hinaus verzeichnet die Speisekarte des Wolfgang Nagler viele klassische Gerichte der Hochküche, vom

die quadriga

Hummer in Gelee, Kaninchenrücken, Backkartoffel mit Kaviar, Navarin vom Lamm, Ochsenbacken, Rotbarbe mit Zucchiniblüte und das 2-Personen-Rinderfilet mit Rotweinnudeln. Das alles wird ziemlich schnörkellos angerichtet und ist ordentlich gewürzt, ohne dass originelle Effekte schmeckbar wären. Dafür ist man ja in den Kreativseancen der jungen Köche schon dankbar. Die Weinkarte entspricht dem Anspruch der Küche, die adrett gekleideten Serviererinnen könnten manchmal besser informiert sein.

adermann

adermann
oranienburger straße 27 - 10117 berlin
telefon 030 / 28 38 73 71
www.adermann.de
restaurant: di - sa 19.00 - 24.00 uhr
bistro: täglich 10.00 - 24.00 uhr

Das jüngste Mitglied in der Liga der besternten Restaurants ist in einer alten Patrizierwohnung nicht ganz passgerecht installiert. Schöne denkmal- und plexiglasgeschützte Fußböden, protzige Türen und kahle Wände; die wenigen modernen Bilder können das Fehlen von Vorhängen und anderen schallschluckenden Textilien nicht ausgleichen: die Akustik ist lästig. Daran ändert auch der Pianist nichts, so wenig wie die dünnen Kerzen die fahle Beleuchtung verbessern. Kommt noch hinzu, dass die Tische klein und eckig sind (anstatt rund, wie sich das in der Komfortklasse gehört) und die Stühle hart – damit sind dann die Schwachstellen aufgezählt. Gegen das Essen und Trinken bei Adermann ist nichts einzuwenden. Sicher könnte das Amuse-Gueule etwas origineller sein als das bisschen Hummercarpaccio und das Kürbissüppchen. Sodann sollte ein Koch auf den großzügigen Trüffelsegen (zum Steinbuttfilet) verzichten, wenn er weiß, dass die braune Knolle, die er da hobelt, nicht das geringste Aroma hat. Aber sonst weiß der Küchenchef Wolfgang Müller sehr wohl, was er tut. Zum Beispiel bietet er seinen Gästen ein 10-gängiges Amuse-Gueule-Menü an (ab 2 Personen, pro Person € 85), eine späte Reverenz vor der Nouvelle Cuisine, die heute im Zeitalter der Tapas freudiger akzeptiert wird als damals. Ein anderes Menü enthält einen in Rotwein pochierten (!) Rehrücken auf Rahmwirsing. Ungewöhnlich und hochdelikat fand ich seine gebratenen Lammnierchen im Lammjus unter der Parmesanhaube. Aber auch den üblichen Jakobsmuscheln spendiert er durch ein „kan-

adermann

tonesisches" Gemüse eine pfiffige, wohlschmeckende Unterlage. Den Lammrücken, die Standarddelikatesse der gehobenen Küche, kombiniert er auf dem Teller mit einem Kichererbsencassoulet und Schwarzkümmelgnocchi zu einer originellen Kreation. (Die mit weißen Bohnen etwas weicher und hier in Berlin nicht weniger originell wäre.)

Dass das alles ohne die notorischen Tellerdekorationen aufgetischt wird, dass der Küchenchef sich nicht mit effektvollem Firlefanz wichtig macht, wie das in den Gourmettempeln üblich ist, freut den Berufsesser besonders. Auch wenn die Pausen zwischen den Gängen etwas kürzer sein dürften. Im Adermann gibt es auch ein Amuse-Gueule vor dem Dessert, nämlich ein dünnes Stückchen Obsttorte. Davon ein dickes Stück, und die Dessertfrage wäre gelöst - obwohl ein Essen hinter den vergoldeten Türen ohne Leckereien wie den Topfenschaum mit Gewürzbirne und Schokoladensorbet und anderen Süßigkeiten nicht komplett wäre.

Die Beschreibung dieses im ersten Stock gelegenen Restaurants wäre nicht vollständig ohne die Erwähnung der Weinkarte. Sie enthält so gut wie keine Flasche der berühmten Produzenten, dafür aber viele schöne Möglichkeiten, ein neues Weingut zu entdecken, wobei der Restaurantdirektor Dominik Trick sich als hilf- und kenntnisreicher Berater erweist.

bamberger reiter

bamberger reiter
regensburger straße 7 - 10777 berlin
telefon 030 / 21 84 282
www.schloss-glienicke.de/baframe.htm
di - sa 18.00 - 24.00 uhr

Ein Fixpunkt der besseren Berliner Gastronomie im stockbürgerlichen Umfeld Schönebergs. Hier wurde schon verfeinert gekocht, als die Currywurst noch als Stadtwappen im Gespräch war. In den letzten Jahren gab es einigen Wechsel in der Küche, aber jetzt ist alles wieder wie in alten Zeiten. Das heißt: eine Wiener Küche der Oberklasse. Und wenn auf der Speisekarte ein österreichischer Einfluss auf den ersten Blick nicht zu entdecken ist, wie beim Entenbraten mit Blaukraut, so wird der wenigstens mit „Erdäpfelknödel" serviert.

Diese Anhänglichkeit an eine verlässliche Küchentradition hat etwas ungemein Beruhigendes. Mit ihr und durch sie ist der Bamberger Reiter früh berühmt geworden, wobei wie immer eine Rolle spielte, dass Franz Raneburger gleichzeitig Inhaber und Küchenchef ist. Beruhigend ist auch, dass mit ihm ein Meister am Herd steht, der sein Metier gründlich gelernt hat. Das bedeutet, ihm unterlaufen nicht die Dummheiten der wildgewordenen Kreativen, die vor allem, was andere Köche schon gekocht haben, einen Horror haben und sich bei der Suche nach ihrer Originalität fürchterlich verbiegen. Raneburgers marinierter Tafelspitz mit Kren und Salat schmeckt wie ein marinierter Tafelspitz mit Kren und Salat und nicht nach Gummibärchen. Er ist butterzart und köstlich. Im Bamberger Reiter wird die verfeinerte Küche auf das reduziert, was Verfeinerung ausmacht: Perfektion beim Produkt und Souveränität beim Würzen. Das trifft auf die Schlutzkrapfen mit Waldpilzen (Spinatravioli) ebenso zu wie auf die Kalbsfrikadellen mit

bamberger reiter

steirischem Kartoffelsalat, auf seine Suppen und auf die Kalbsbacken auf Graupenrisotto. Nach einem österreichischen Menü im Bamberger Reiter verlässt man das Restaurant mit dem Bedauern, die anderen Spezialitäten dieser soliden und gleichzeitig delikaten Küche nicht auch noch probiert zu haben. Was Franz Raneburger in der schrillen Berliner Szene kocht, wirkt so ungewöhnlich wie eine Palme in Alaska. Auch das Ambiente des Bamberger Reiters entspricht nicht dem Zeitgeist. Kein Chrom, sondern schwarzes Holz bis unter die Decke, keine moderne Kunst an den Wänden, dafür feine Gläser und Karaffen in den Regalen davor. Hier wird sie noch gepflegt, die gute, alte Gemütlichkeit, was man ebenso befriedigt zur Kenntnis nimmt wie die Tatsache, dass der Topfenschmarren zu trocken war. Es wäre sonst eine unnatürliche Perfektion gewesen.

vivaldi

Mit dem Vivaldi in diesem damals noch Ritz Carlton genannten Schlosshotel im vornehmen Stadtteil Grunewald hatte Berlin den Gastronomiebetrieb, den man in einer Metropole erwartet. Ein unverwechselbares Luxushotel, dessen Küche ebenfalls zur Luxusklasse gehörte. Das Wort Luxus beschreibt hier keine hyperkapitalistische Kategorie, die nur durch Ausbeutung einer versklavten Gesellschaft existiert, sondern einen Ort, an dem sich verfeinerter Geschmack darstellen kann, weil es auch in unserem Land viele Menschen gibt, die darauf Wert legen und entsprechende Qualität bezahlen können. Das muss man in Deutschland immer betonen, weil bei uns ja schon das Tragen von Brioni-Anzügen als unsozial gilt. Das Hotel im Grunewald existiert schon einige Jahre in einer Prachtvilla aus der Wilhelminischen Epoche (Kaiser Wilhelm was here!), und war sofort außergewöhnlich schön und teuer. Denn das Hotel profitiert vom Modemenschen Karl Lagerfeld, der für die Innendekoration der Räume und Zimmer in der alten Villa verantwortlich ist. Man muss schon weit reisen, um ein ähnlich komfortables und erlesenes Interieur in einem Hotel zu finden; die Villa Fetrinelli am Gardasee wäre vergleichbar und, wenn sie zu kaufen wäre, die Villa Hügel in Essen-Bredeney, das ehemalige Eigenheim der Familie Krupp. Ansonsten gibt es in Deutschland kein Hotel von solcher Prächtigkeit und mit so hohen Zimmerpreisen. Die Pracht hat natürlich nichts mit modernem Design zu tun; seit wann wäre das prachtvoll? Es handelt sich vielmehr um jenen Stilmischmasch, wie er als Historismus um die vorletzte

regent schlosshotel
brahmsstraße 10 · 14193 berlin
telefon 030 / 8 95 84-521
www.regenthotels.com
di - sa 18.30 - 22.00 uhr

vivaldi

Jahrhundertwende beliebt war. Spanische Kassettendecke, ägyptische Pylone, Wandbespannungen in roter Seide, Kamine und edle Holzarbeiten in allen Räumen, Marmor, wo man hinfällt, Kristall und Silber, was man umstößt. Das Dekor ist zweifellos eleganter als die Gäste. Doch wie das so ist in der gehobenen Hotellerie, hatte der Biotop des zweckfreien Luxus nicht lange Bestand. Eine andere Hotelgruppe (Dorint) kaufte das kaiserliche Bonbon, und schon ist nichts mehr wie vorher. Zwar ist der tadellose Service, sind die blitzenden Spiegel nicht ausgewechselt worden. Zu beklagen ist zunächst der Weggang des Küchenchefs Paul Urchs, denn der war schlichtweg fabelhaft. Doch jetzt wird er in Berlin sein eigenes Restaurant eröffnen. Während der Produktion dieses Buches arbeitet sich ein neuer Küchenchef ein. Der Rokokosaal, in dem er wie sein Vorgänger die Gäste beköstigen wird, heißt Vivaldi. Man darf gespannt sein, ob es dem künftigen Küchenchef gelingt, an das Niveau seines Vorgängers anzuknüpfen. (siehe auch „Le Jardin", Business Class)

four seasons

hotel four seasons
charlottenstraße 49 - 10117 berlin
telefon 030 / 20 33 63 63
www.fourseasons.com

frühstück: 6.30 - 11.00 uhr
mittagessen: 12.00 - 14.00 uhr
abendessen: 18.30 - 22.30 uhr

Wenn es die feinen Hotels nicht gäbe, wäre man möglicherweise auf „Kartoffelsuppe Berliner Art" angewiesen, was bei Touristen ein hässliches Deutschlandbild bewirken würde. Deshalb sind Köche wie Nils Kramer als Botschafter des guten Geschmacks für unser Land verdienstvoll. Er kocht seit einiger Zeit gut gelaunt im Four Seasons für Gäste, die beim Bummel in der luxuriösen Friedrichstraße verzweifelt nach einer Spur von Eleganz Ausschau halten. Erst auf seinen Tellern ist sie zu entdecken. Denn dieser schlanke Mensch von den Salzwiesen Schleswig-Holsteins, wo er seinen Ruhm begründete, will die Haute Cuisine ja nicht revolutionieren, sondern ihr jene Zartheit zurückgeben, die ihr beim Ansturm der asiatischen Aromen gerne ausgetrieben wird. Auch seine Menüs sind nicht unbeeinflusst von Zitronengras und Ingwer, aber doch in so zarten und leichten Beigaben, dass wir Hobbyköche beschämt den Salzstreuer strecken. Selten habe ich starke Aromen so wenig vermisst wie bei ihm, und nicht oft ist mir die ungewohnte Leichtigkeit der Speisen so normal vorgekommen wie in den eleganten Menüs des Nils Kramer.

Auf seiner wechselnden Speisekarte macht er gern einen Abstecher ins Rustikale, was beispielsweise Linsen nie sind, wenn sie von einem begabten Küchenchef wie Kramer verarbeitet werden. Hier ist schlichtweg alles fein und elegant, was die Küche verlässt. Das passt zum Ambiente. Denn das Neo-Rokkoko der Hotelhalle und des Speisesaals signalisiert unmissverständlich eine Distinguiertheit, die Begriffe wie „cool"

four seasons

erst gar nicht an sich heranlässt. Um so erstaunlicher, wie modern und locker in der Küche gearbeitet wird. Der Weinkeller lässt nur wenige Wünsche offen, das Personal keine.

restaurant adlon

Im Hotel Adlon gibt es ein zweites Restaurant, längst nicht so pompös und einschüchternd; durch die Anordnung der Tische auf zwei Ebenen mit notwendiger Reling ähnelt es einem Ausflugsdampfer. Hier gibt es Fenster nach draußen mit Blick auf „Unter den Linden". Und da angeblich auch hier derselbe Küchenchef zuständig sei (Manfred Hauser) wie ein Stockwerk höher in der Gourmet-Höhle, liest man die Speisekarte mit großen Erwartungen. Tatsächlich fehlt hier nichts, was in der First Class Gastronomie zum Repertoire gehört. Vom Hummerragout über die Seezunge, zur Ente für ein oder zwei Personen, Kürbissuppe bis zu asiatischen Spezialitäten – was sich zur Preissteigerung benutzen lässt, hier findet man es. Das Stichwort „Preis" dürfte in dieser Kategorie keine Rolle spielen. Dass es im Adlon teuer ist, weiß jedermann. Aber wenn dann ein Nudelteller mit Salbei 14 € kostet und nach schlicht gar nichts schmeckt, weder nach Butter noch nach Salbei noch nach Nudeln, dann drückt das die Stimmung. Und wenn sich anlässlich der lauwarmen oder kalten, in jedem Fall aber nicht sehr frischen und banal gewürzten asiatischen Gerichte die Sehnsucht nach dem auf der anderen Straßenseite liegenden Thai-Restaurant einstellt, wo so etwas viel besser schmeckt, dann fragt man sich erneut, wie die Küche des Adlon zu ihrem guten Ruf kommt. Vielleicht verdankt sie ihn der Weinauswahl. Die ist wirklich fabelhaft. Da entdeckt man von deutschen Rotweinen von Meyer Näkel über Lageders Löwengang bis zum Chailloux des Didier Daguenau und dem Montus Cuvee Prestige alles, was ein Weinfreund neben der Ideallinie sucht und so selten findet.

hotel adlon
unter den linden 77 - 10117 berlin
telefon 030 / 22 61-15 55
www.hotel-adlon.de

frühstück: 6.30 - 11.00 uhr
mittagessen: 12.00 - 15.00 uhr
abendessen: 18.00 - 23.30 uhr

friedrichs

Das einstige Grand Hotel aus DDR-Zeiten wirkt mit seinem altmodischen Prunk erstaunlich zeitgemäß, da es weder dem modischen Design-Trend folgt noch dem üblichen Neo-Rokoko und somit eine seltene Qualität besitzt, die heutige Luxushotels vergebens anstreben. Es ist die Einmaligkeit einer großzügigen Architektur ohne stilistischen Anspruch sowie die hemmungslose Annäherung an feudale Vorbilder einer vergangenen Epoche. So ist allein die Hotelhalle mit der spektakulären Treppe und den Etagen-Rängen sehenswert. Und gleich dahinter beginnt das Hauptrestaurant des Hauses, das Friedrichs. Auch dort sitzt man nicht wie in einem Zeitgeist-Schuppen, sondern durch Logen behütet und Stufen geschützt wie damals, als die Menschen ein gutes Essen gern in der Intimität ihres Tisches genossen.

Es wäre übertrieben, heute und hier von einem besonderen Essen zu reden. Sie kochen nicht schlecht in der Küche des Friedrichs, sogar ambitioniert. Das beweist die gute Idee, als Vorspeise drei verschiedene Variationen der Kartoffelsuppe in kleinen Tassen zu servieren: Eine schmeckt besser als die andere. Der gleiche Trick funktioniert noch einmal am Ende des Menüs: Drei verschieden gewürzte Crème brulées sorgen für einen überaus glücklichen Abschluss. Leider geht es zwischendurch nicht so harmonisch zu, so bei den vegetarischen Gerichten, wie die mit Gemüse gefüllte Roulade aus halbrohem Kohl oder die mit Ziegenkäse überbackenen Champignons. Letztere leiden lediglich unter der Begleitung des ordinären Salats. So ist das Leben: Im Prinzip nicht schlecht,

friedrichs (hotel westin grand)
friedrichstraße 158-164 - 10117 berlin
telefon 030 / 20 27 - 32 79
www.westin-grand.com
frühstück: 6.30 - 11.00 uhr
mittagessen: 12.00 - 15.00 uhr
abendessen: 18.00 - 23.30 uhr

doch immer verderben einem ein paar Kleinigkeiten den Spaß. Das bügeln im Friedrichs die netten Serviererinnen wieder aus, und auch die Weinkarte und die nicht überhöhten Preise lenken von der Misere des Lebens ab.

bacco

Hier wird der Verdacht bestätigt, dass jenseits der populären noch eine Italiener-Kategorie existiert, in der sorgfältig und ohne Rücksicht auf die Schnäppchenjäger gekocht wird, wobei es zu berücksichtigen gilt, dass von einem gewissen Küchenniveau an die Preise nicht mehr volkstümlich sein können. In diesen etwas überladen dekorierten Stuben mit den Bildern eines Botero-Imitators an den Wänden genießt man „Toskanische Spezialitäten" von seltener Perfektion. Ob überbackener Spargel oder Kalbsleber mit Salbeibutter oder die hinreißend gedünstete Dorade, im Bacco wird man von den üblichen Schlabbernudeln nicht belästigt. Und wer sich den herrlichen 1998 Chardonnay Tasca d'Almerita für 64,- € leistet, ist eindeutig im Komfort der Business Class gelandet.

bacco
marburger straße 5 - 10789 berlin
telefon 030 / 2 11 86 87
mo - sa 12.00 - 15.00 uhr
18.00 - 24.00 uhr

bocca di bacco

bocca di bacco
friedrichstraße 167 - 10117 berlin
telefon 030 / 20 67 28 28
www.boccadibacco.de
mo - sa 11.00 - 24.00 uhr
so 18.00 - 24.00 uhr

Manchmal wundert man sich, wie solche Neugründungen an solche Telefonnummern kommen. Sowieso staunt man über den fast luxuriösen Aufwand, mit dem ein weiteres italienisches Restaurant im Herzen von Berlin Mitte hat eröffnen können. Luxuriös bedeutet in diesem Fall Komfort und Dekorum wie sie normalerweise den teuren Hotelrestaurants vorbehalten sind. Viel Platz zwischen den Tischen, raffinierte Beleuchtung und auffällig bemühte Bedienung. Hier, in der Nachbarschaft von Mont Blanc und teurer Lederwaren, erwartet man eher extravagante und hochpreisige Produkte der Modeindustrie als „Spaghetti verdure" für 20 €. Aber, Freunde der krachend vollen Primitiv-Italiener, lasst Euch sagen, hier gibt es sie, und niemand, der hier Platz findet, muss sich schämen, eine Krawatte zu tragen.

In Bocca di Bracco trinkt man, natürlich, nur italienische Weine, aber der friaulische Chardonnay ist ebenso bekömmlich wie preiswert, und wenn er schließlich im Glas schwappt, hat man längst begriffen, dass hier mit besonderer Sorgfalt gekocht und serviert wird. Die Küche entspricht dem coolen Design des Lokals: kleine Portionen und perfekte Details. Dazu gehören der Lampenwald unter der Decke und die dünne Kalbsleber, das verwendete Olivenöl sowie das generell erfreuliche Preis-Leistungs-Verhältnis (Gnocchi mit Steinpilzen; Creme Catalan; Vino Dolce 21,- €). Wem der derbe Szenekult vom Prenzlauer Berg auf die Nerven geht, findet hier kulinarische Eleganz made in Italy.

neue paris bar

neue paris bar
kantstraße 173 - 10623 berlin
telefon 030 / 31 01 50 94
täglich ab 18.00 uhr

Nein, das ist kein Klon der alten Paris Bar nebenan, da müsste man die prominenten und nicht prominenten Stammgäste mitklonen. Nicht einmal beim Interieur hat man sich darum bemüht. Drüben kunterbunte Kunst an den Wänden und die klobigen Gläser auf den Tischen, hier dagegen resedafarbene Bänke, Designerlampen und ein langer „Omnibus" auf der linken Seite. Ein deutlicher Wille zur Form ist hier an die Stelle des benachbarten Chaos getreten. Und noch etwas ist anders: die Speisekarte enthält Dinge, die neugierig machen. Und siehe da, unter dem alten Namen ist eine neue Küche entstanden, ein bisschen ehrgeizig, ein bisschen originell und rundherum schmackhaft. Wo sonst kriege ich in Berlin einen Rochenflügel, der unter der Gabel nicht zerfällt? Wo sind zum saftigen Lammkotelett die haricots verts so hübsch und frisch und sogar gesalzen? Auch das Käse-Kartoffelgericht nach Art eines Racletts gehört durch sein ungewöhnliches Honigaroma zu den positiven Überraschungen der Neuen Paris Bar. Whiskyfreunde werden mit Entzücken registrieren, dass hier seltene Maltwhiskys von den Hebriden auf der Karte stehen. Und sogar Verhaltensforscher kommen auf ihre Kosten. Warum der Laden bis gegen 23 Uhr halbleer ist, während nebenan die Korken knallen, dann aber von Nachtschwärmern geradezu überschwemmt wird, könnte das Thema einer Dissertation sein.

mosimann's

Wieder bedurfte es eines Luxushotels, um ein neues Gourmet-Restaurant in Berlin zu implantieren. Das große Haus mit den 300 Zimmern engagierte als Berater den Schweizer Küchenchef Anton Mosimann, der im Londoner Dorchester eine glänzende Karriere begann und heute nicht mehr öffentlich kocht, sondern nur in eigenen Klubs zu Tisch bittet. Nach ihm ist das große Restaurant im ersten Stock des Swissôtel benannt, von wo man einen großartigen Blick auf den Ku'damm hat. Edel und empfindlich möbliert (helles Wildleder für die Sessel) bietet es den Komfort, den man in der First Class erwartet. Dass es nach meinen Erfahrungen dennoch bloß zur Business Class reicht, kann an der kurzen Zeit der Eingewöhnung liegen, die der Brigade zur Verfügung stand, aber auch an einer gewissen Leichtfertigkeit beim Einkauf der Produkte. So war der Hummer zwar nur kurz gegart, trotzdem aber hart und zäh, was auf eine billige, amerikanische Herkunft schließen lässt. Kleingeschnittene Calamaretti fühlen sich auf sahnigem Polentapüree fehl am Platz, ihnen wäre jedes Bett ohne Sahne gemäßer. Auch die Rillettes von der Ente in einer Teigrolle hätten mit etwas schärferem Aroma eine bessere Figur abgegeben, während Mosimann's Fish Cake unter süß geschmortem Chicoree litt. Fabelhaft dagegen ist Anton's Bread and butter pudding, eine vergleichbar leichte Version dieser englischen Leckerei.

Die Preise für die anspruchsvollen Menüs sind auffallend zurückhaltend. Wo bekommt man heute in so komfortablen Ambiente noch 3-Gang-Menüs für

swissôtel
augsburger straße 44 - 10789 berlin
telefon 030 / 22 01 00
www.swissotel.com

frühstück: 6.30 - 11.00 uhr
mittagessen: 12.00 - 15.00 uhr
abendessen: 18.00 - 23.00 uhr

33,50 € und 5 Gänge für 43,- €? Die Auswahl der Weine ist nicht überwältigend, doch für die Alltagsbedürfnisse reicht's allemal.

maxwell

Die Berliner Höfe sind berühmt, nicht zuletzt weil sich in der originellen Umgebung häufig originelle Restaurants ansiedeln. Der Hof in der Bergstraße 22 gehört zu den schönsten, wenn es denn überhaupt einen noch pittoreskeren Hof gibt. Das liegt an dem restaurierten Braugebäude, eine fantastische, neogotische Kulisse aus rotem Backstein, ebenso bizarr wie anheimelnd. Und darin das ebenso moderne wie gute Restaurant, das einen Schönheitsfehler nur nach Einbruch der Dunkelheit erkennen lässt, den Funzel-Chic. Wenn man nicht mehr erkennt, ob das dunkle Ding auf dem Teller ein geschmortes Zwiebelchen oder ein Stückchen Fleisch ist, dann besteht kein Zweifel: sie treiben hier das Energiesparen zu weit. Die Mode der halbdunklen Restaurants mag bei Studentenkneipen angebracht sein, wo die Gäste schon mal knutschen wollen, nicht aber in einem Restaurant, dessen Anspruch zur besseren Gastronomie zu gehören überall demonstriert wird. Das verrät vor allem die Weinkarte, die einer First-Class-Adresse würdig wäre. So viele Weine aus Europa und Übersee, mit so viel Sachverstand ausgesucht (und nicht überteuert), das allein lohnt den Besuch. Wo finde ich von Saintsbury (Carneros, Napa Valley) sowohl den herrlichen Chardonnay als auch den großen Pinot Noir? Wo ist sogar der Hauswein (ein „Grenache Maxwell" aus Australien) so süffig? Auch die Speisekarte bietet eine erfreuliche Lektüre. Da fehlt zwar nicht das modische „Thunfischcarpaccio mit rosa Pfeffervinaigrette" und nicht die „Garnelen im Ingwer-Glasnudelmantel mit Curry-Mango Risotto". Woran man erkennt, dass die Küche mit dem Zeitgeist kompatibel ist. Aber daneben

maxwell
bergstraße 22 - 10115 berlin
telefon 030 / 2 80 71 21
www.restaurant-maxwell.de

täglich ab 18.00 uhr
küche bis 23.30 uhr

steht das „Ochsenschwanzragout mit Kartoffelpüree und roten Zwiebeln" sowie ein „Wiener Schnitzel mit warmem Kartoffelsalat". Die Konzession ans Bürgerliche ist auch an den großen Portionen zu erkennen, welche für viele Esser ja immer noch ein wichtiges Argument sind. Nun, man muss ja nicht alles aufessen, auch wenn es so gut schmeckt wie die „Frühlingsrolle mit Safran-Aioli und Paprika" oder das „Kalbsfilet mit dem Sellerie-Trüffelpüree und Polenta". Auch die „Basilikumgnocchi zu Hirschkalbnüsschen" hatten ein erkennbares Aroma (nicht selbstverständlich in deutschen Küchen) und versöhnten mit der dicken Haut der Saubohnen (zum Milchzicklein), welche offensichtlich ohne weitere Bearbeitung vom Frostpaket ins kochende Wasser geworfen wurden. Fast bürgerlich sind die Desserts zu nennen, was in ihrem Falle immer eine positive Bewertung ist, denn wenn Zuckerköche ihre Virtuosität beweisen wollen, entstehen meistens verkrampft originelle Kreationen, denen die Glück spendende Eindeutigkeit einer Süßspeise fehlt.

Hier, im elegant-klaren Ambiente des „Maxwells", wird man mit Kreativexzessen nur wenig behelligt. Trotzdem käme man nicht auf die Idee, von einer Kulinar-Gotik zu reden, damit hat die Küche so wenig zu tun wie die Hausfassade mit den armen Rittersleut'. Allenfalls kommt der leckere „Quitten-Briocheauflauf" einem Armen Ritter ziemlich nahe. Was für ihn spricht.

rutz

rutz
chausseestraße 8 - 10115 berlin
telefon 030 / 24 62 87 60
www.rutz-weinbar.de

mo - sa ab 17.00 uhr
küche 17.00 - 24.00 uhr

Das originelle Restaurant zählt noch nicht lange zur Business Class. In dieser Nachbarschaft ist eine Bügelfalte verdächtig, außerdem geht es hier bei Vollbesetzung ziemlich unruhig zu. Das wiederum hat eine sympathische Ursache: Die Gäste sind angeregt und fröhlich, denn so viele Weine wie in den beiden Etagen gibt es wohl in keinem anderen Berliner Restaurant (nehme ich an). Es ist mehr als erstaunlich, welche Schätze dort lagern, das Studium der Weinkarte dauert Wochen, und die richtige Entscheidung fordert auch vom Kenner eine ähnlich glückliche Hand wie beim I Ging. Doch die Beratung durch den Geschäftsführer ist vorbildlich. Die Flaschen werden zum Ladenpreis plus 14 € Korkgeld verkauft; der Laden ist im Parterre. Gekocht wird auf erfreulich hohem Niveau, trotz Frühstücksspeck im Salat und belanglosen Desserts. Erstklassige Fleischqualitäten, perfekt zubereitet, und gut gewürzte Vorspeisen rechtfertigen den guten Ruf, den der Küchenchef Lars Rutz bei den Berlinern genießt.

cassambalis

Viele bunte Bilder an den Wänden, viele Flaschen hinter der Bar, viele zufriedene Gäste. Dieses sympathische Restaurant am Kurfürstendamm ist eine erfreuliche Neugründung. Man sitzt nicht nur angenehm auf den braunen Lederbänken; auch die Küche gibt sich große Mühe, den Gästen das Leben zu verschönern. Sie basiert auf der verfeinerten griechischen Küche, wie sie seinerzeit im populären „Fofi" geboten wurde, dessen Geschäftsführer hier als Patron reüssiert. Er hat das Zeug, auch dieses Restaurant zu einem Treffpunkt der Schönen und Schlauen zu machen. Wie immer sind die vielen Vorspeisen der Höhepunkt der griechischen Küche, das Auberginenpüree, der scharf angemachte Schafskäse (Kopanisti), der rosa Fischrogen (Tarama), aber auch die Sardinen aus dem Backofen, der marinierte Oktopus und die fritierten Babykalamaris bereiten nichts als Freude. Ebenso die Nudelgerichte, deren Frische und herzhafte Würzung zum Erfolg dieses Restaurants beitragen.

Erwähnenswert sind ebenfalls die griechischen Weine, und zwar nicht die rustikalen, geharzten Tropfen aus den Tavernen, sondern überraschend schöne Merlots und Chardonnays vom Peloponnes, die einem sehr sachkundig von einem freundlichen Kellner erklärt werden. In der unübersichtlichen Gastroszene der Grolmanstraße und Umgebung ist „Cassambalis" ein herausragender Leuchtturm.

cassambalis
grolmanstraße 35 - 10623 berlin
telefon 030 / 8 85 47 47
mo - sa 11.30 - 24.00 uhr

enoteca reale

enoteca reale
gottschedstraße 2 - 13357 berlin
telefon 030 / 4 61 74 33
mo - sa 19.00 - 1.00 uhr

Dieser von der lokalen Kritik hoch geschätzte Italiener liegt in Wedding, wo man nichts Kulinarisches vermutet. Auch das bombastische Interieur aus groben Steinen und poliertem Marmor in den beiden fensterlosen Räumen stimmt nicht gerade auf mediterrane Leichtigkeit ein. Doch genau die wird hier wunderbarerweise geboten. In der Küche arbeitet ein Kreativer und will der Welt beweisen, dass auch hinter den Spaghettibergen noch Zitronen blüh'n. Dabei gelingen ihm überraschende Menüs mit ungewöhnlichen Aromen und butterzarten Fleischstücken durch perfekte Garzeiten, untadelige Produktqualitäten und kunstvolle Zubereitung – das meiste weit oberhalb der üblichen Trattoria-Kategorie. Gemessen am Anspruch der Küche ist die Weinkarte nur kümmerlich.

eta hoffmann

Hier in Kreuzberg haben viele Köche Anlauf genommen, sind aber zu kurz gesprungen. Anders Tim Raue. Er ist hier gelandet und erreichte eine lokale Rekordmarke. Er war schon vorher der Hoffnungsträger der Auguren. Hier, in dem unauffälligen Hotel, betreibt er sein ebenso unauffälliges Restaurant für jene Feinschmecker, denen die eleganten Marmortempel in Berlin Mitte zu lackiert sind. Zu dem eher nüchternen Ambiente bilden seine Tellergerichte einen deutlichen Kontrast. Tim Raue weiß, was der trendbewusste Gast erwartet und kennt sich aus im Repertoire der modernen Küche. Davon zeugen die leichte Süße bei vielen Süppchen und Saucen, die leicht exotische Buntheit der Gemüse und die Betonung kreativer Details auf der Speisekarte. Das Attribut „leicht" ist hier bewusst wiederholt, denn anstößig ist weder die Süße noch sind es die Zitate fremder Küchen. Und wenn man liest „Kabeljau in Melissenöl confiert mit lauwarmen Salat von Pulpo & Melone", so ist da nichts anderes auf dem Teller als ein wunderbar im Dampf gegartes Stück Fisch, zarte Stücke vom Tintenfisch und die erwähnte leichte Süße bei der gemüsigen Unterlage. Häufig sind Zutaten oder Saucen wunderbar pfeffrig, so bei einer Vorspeise aus Kalbszunge, Roter Bete und schwarzen Trüffeln; weniger bei den Hahnenkämmen mit „Saucisse sêche", welche gewöhnliche Salami war, wo sich die Chorizo besser - gemacht hätte. „Ravioli von wildem Broccoli" war nicht so wild wie versprochen, eher sanft, aber wohlschmeckend, und hinter der geheimnisvollen „Pfefferbrandade" zur Poulardenbrust verbirgt sich das

hotel riehmers hofgarten
yorckstraße 83 - 10965 berlin
telefon 030 / 78 09 88 00
www.hotel-riehmers-hofgarten.de
di - sa 18.00 - 22.00 uhr

beliebte Kartoffelpüree und weiß nicht, wie es zu dieser Ehre kommt. Solcher Wichtigtuerei auf der Speisekarte entsprechen die einzelnen Gerichte glücklicherweise nicht. Alles ist sehr gut abgeschmeckt, vom amuse bouche bis zu den köstlichen Desserts, und obwohl in jeder Kategorie nur vier Speisen zur Auswahl stehen, sind sie so unterschiedlich gewürzt, dass ein Essen im „ETA Hoffmann" zu einer abwechslungsreichen Lustreise zu den Schätzen der modernen Küche werden kann.

Die Lust wird noch gesteigert durch die fabelhafte Weinkarte, auf der neben den üblichen Spitzenweinen auch preiswerte Flaschen unbekannter Winzer zu entdecken sind.

guy

Mittags lässt Herr Guy für seine Gäste kochen, da beugt er sich nicht dem Berliner Brauch, der besonders hier in Mitte so peinlich provinziell wirkt. Und mittags bietet er auch ein spezielles Menü an, das man nach Lage der Dinge sogar als preiswert bezeichnen kann. Die Dinge liegen nämlich so, dass das Restaurant Guy in die gehobene Preisklasse gehört, wo jedes Hauptgericht um die 25 € kostet. Das sind dann aber anspruchsvolle Kreationen wie „Reh in der Schokoladenkruste mit Rotkohl, Rosenkohl und Spätzle" oder die wirklich köstliche „Taube im Pumpernickelmantel auf Petersilienpüree und Pioppini". Bei den Pioppini handelt es sich um eine kleine Rübensorte, und natürlich sind solche Kunststücke nicht Bestandteil des Mittagsmenüs. Das kostet 15 € oder 20 € und besteht aus entweder 2 oder 3 Gängen, die nun keineswegs als Billigfutter durchgehen. Außerdem kann man sich im Guy auch vegetarisch ernähren, und zwar ohne Reue; denn die beiden frittierten Eier auf Blattspinat und Morcheln sind tatsächlich das Gelbe vom Ei, in einen leichten Bröselpanzer kunst-

guy
jägerstraße 59 - 10117 berlin
telefon 030 / 20 94 26 00
www.guy-restaurant.de
mo - fr 12.00 - 15.00 uhr
und 18.00 - 1.00 uhr
sa 18.00 - 1.00 uhr

voll eingebacken (29 €). Danach wartet auf den Vegetarier wie auf alle anderen Gäste ein besonders feines Dessert. Es soll nicht unerwähnt bleiben, dass man hier an die 150 (!) offene Weine trinken kann, was einen Rekord darstellt und für Weinfreunde die Erfüllung eines Wunschtraums zu sein scheint. Mich frustriert der glasweise Weinnachschub allerdings ungemein, weil ich immerzu damit beschäftigt bin, eine neue Sorte auszusuchen und zu probieren. Darüberhinaus erfüllt dieses modern gestylte Restaurant mit dem hübschen Innenhof die Anforderungen an ein Gourmet-Lokal ohne große Mühe.

le jardin

the regent schlosshotel
brahmsstr. 10 - 14193 berlin
telefon 030 / 8 95 84 - 5 31
www.regenthotels.com
täglich 6.30 - 22.30 uhr

Das Regent Schloßhotel hat auch ein Zweitrestaurant, das „Jardin“, vom Vorbesitzer übernommen, ein helles, luftiges Restaurant für weniger feierliche Anlässe und jene Hausgäste, die in Erwartung des voluminösen Dinners mittags nur ein kleines Menü essen wollen. Man sitzt dabei in einem Glaspavillon neben der herrschaftlichen Villa im Garten und wird mit jedem Biss daran erinnert, dass hier schon die Wunderwerke eines Spitzenkochs serviert wurden. Die Sorgfalt, mit der die Küchenbrigade so etwas Langweiliges wie einen Wintersalat durch kostbar gebratene Brotwürfel und Knusperspeck in eine Delikatesse verwandelt, ist höher einzuschätzen als ein mit Kaviar aufgemotztes Fischfilet. Und dass sie einen deftig-leckeren Linseneintopf auf die Karte setzen, zeigt die Klugheit der Köche, die andererseits bei den Desserts den komplizierten Gang einlegen, weil sie um die oft exzentrischen Vorlieben der Luxusgäste wissen.

Wer sich nach einem Boutiquenbummel am unteren Kurfürstendamm hierher zurückzieht, erweist sich als Mensch von Geschmack. (Dennoch bleibt es eine Frage der Zeit, bis im "Jardin" des Regent Schloßhotels der „Chailloux“ von Didier Daguenau nicht mehr für 13 € pro Glas ausgeschenkt werden wird. Die feinen Puilly Fumés des prominenten Ökowinzers sind bei uns zu wenig bekannt.)

borchardt

Wahrscheinlich das berühmteste, jedenfalls das bekannteste Restaurant Berlins. Eine Brasserie, im Aussehen und Ambiente La Coupole in Paris nicht unähnlich. Unter der Hauptstadtprominenz dürfte es niemanden geben, der hier nicht schon gegessen hat. Die Zugehörigkeit zur hohen Politik oder der Status eines Medienstars ist nicht immer notwendig, um einen freien Tisch zugewiesen zu bekommen, hilft aber ungemein. Ausgebucht ist der Laden immer, und Patron Roland Mary hat seine Mannschaft gut im Griff. Nicht nur ist die Bedienung wohltuend professionell, in der Küche wird sogar gut gekocht, was bei dem 12-Stunden-Betrieb ein kleines Wunder ist. Wiener Schnitzel, die neue Berliner Nationalspeise, gelingt den Köchen ebenso wie die Keniabohnen zum Rumpsteak oder zu den Lammkoteletts. Die Crème brulée mit Zitronengras ist eine der besten der Stadt. Weine aus allen Gegenden der Welt und die Möglichkeit, bunte Cocktails zu trinken, tragen zur guten Stimmung der Gäste bei.

borchardt
französische straße 47 - 10117 berlin
telefon 030 / 20 38 71 10
täglich 11.30 - 1.00 uhr
küche 12.00 - 24.00 uhr

lutter & wegner

Die lokalen Restaurantführer beschreiben L&W als „gemütliche Weinstube" und haben sogar Recht. Nicht wegen der Weinstube, es sind nämlich zwei Stuben; außerdem gibt es in Berlin viele mit mehr Flaschen im Keller. Aber gemütlich ist der Laden und deshalb immer gut besucht bis rappelvoll. Hier kann man studieren, warum Gemütlichkeit weder eine Butzenscheibenfolklore noch den verbogenen Chrom febriler Designerträume braucht. Schwarzes Holz, weiße Tischdecken und anständige Weingläser – dieser Dreiklang, der vielen Wiener Beisln zum Erfolg verholfen hat, bestimmt auch das Ambiente von Lutter & Wegner. Überhaupt ist der österreichische Einfluss wieder einmal entscheidend für die Qualität einer (dieser) Berliner Adresse. Bei meinem letzten Essen waren es nur drei, scheinbar marginale Details, die mich an glückliche Tage in Wien erinnerten. Das waren der lockere und leckere Apfelstrudel, der elegante Feinburgunder (Chardonnay ohne Barrique) vom Nicolaihof in der Wachau, und der Milchkaffee namens Melange. Alle drei so unpreußisch wie die Fiaker am Café Mozart. Sonst klotzen sie bei Lutter & Wegner keineswegs mit Tafelspitz und Kalbsbeuschel. Das Wiener Schnitzel kommt dem noch am nächsten, wenn es auch in Wien nur mit Schmäh bedacht würde, weil zu braun gebraten. Dann ist da noch ein Ragout vom Kalbsherz auf der Karte, es wird in einer Schale aus Backteig mit gehacktem Gemüse serviert und schmeckt herzhaft. Deutliche Aromen zeichnen auch die vegetarische Wirsingrolle aus und die schlichte Brotsuppe. Ein Amuse-Gueule gibt es nicht. Die Preise sind am unte-

lutter & wegner (am gendarmenmarkt)
charlottenstraße 56 - 10117 berlin
telefon 030 / 2 02 95 40
www.lutter-wegner-gendarmenmarkt.de

täglich ab 9.00 uhr
warme küche 12.00 - 24.00 uhr

ren Ende der Businessklasse angesiedelt, was aber für das Publikum nicht ausschlaggebend zu sein scheint. Es geht zu Lutter & Wegner, weil es eine gemütliche Weinstube ist und nicht, weil man mittags zwei Gänge für 13,50 € essen kann und abends drei für 30,- €.

VOX

Das Hotel Grand Hyatt in den ziemlich vulgären Hochhausschluchten des Potsdamer Platzes ist Stein gewordene Globalisierung. Das Ambiente wirkt kühl und unpersönlich; Dekoration existiert nicht. Wer hier einen gastlichen oder gar herzlichen Empfang erwartet, lebt in der Welt von gestern. Die Zimmer bieten modernen Komfort und verfügen über alle Einrichtungen, deretwegen reisende Journalisten und das mittlere Management ihre Hightech-Köfferchen durchs Leben schleppen. Vom modernen Leben kündet auch

grand hyatt hotel
marlene-dietrich-platz 2 - 10785 berlin
telefon 030 / 25 53 12 34
www.berlin.hyatt.de

frühstück 6.30 - 10.00 uhr
mittagessen 12.00 - 14.30 uhr
abendessen 18.30 - 24.00 uhr

die Speisekarte im hauseigenen Restaurant „Vox". Eine Spezialkarte ist der derzeitigen, aus den USA stammenden Küchenmode gewidmet mit dem beliebten Balanceakt zwischen Buddhas Lotusblume und Maos italienischem Schneider: Frühlingsrollen, Tempura, Sushi, alles was sich mit Klebereis kombinieren lässt, und natürlich ist die Küche einsehbar. Die fünf Köche haben viel Platz, wo sie sich gemächlich betätigen können und lassen von Zeit zu Zeit aus einem Wok die Flammen gegen die Decke schlagen.

Nigiri und Maki spielen eine große Rolle im Angebot des „Vox", das sind die pappigen Reiswürfel, -bällchen und -rollen, diese faden Verwandten der Sushi, für die extra ein Schüsselchen mit Sojasauce neben den Teller gestellt wird. Die ist mit der Eigenschaft geschlagen, welche allen feuchten Bestandteilen anhaftet, die im „Vox" auf den Teller kommen: Sie ist unangenehm – und oft unpassend – süß. Durch ein süßliches Gemüse wird der von mir geschätzte Aal in Rotwein um seinen urwüchsigen Geschmack gebracht und die perfekt rot gebratene Taube wirkt in der süßlichen Pfütze wie notgelandet. Nur die Crème brulée war nicht süß, dafür leicht gestockt. Geschockt war ich, als eine Literflasche Evian mit 10 € berechnet wurde. Dazu die unerträglich langen Wartezeiten und das bittere Olivenöl, in das man wattiges Brot tunken soll – da geht der ganze Anspruch, der sich durch klassisch weiße Tischdecken und adrett gekleidetes Personal manifestiert, den Bach hinunter. Aber den jungen Besserverdienenden ist es gerade recht so. Sie besetzen abends jeden Platz.

le cochon bourgeois

Das bürgerliche Schwein („Le Cochon Bourgeois") ist nach Berliner Maßstäben ein Restaurant, wird aber unter Brüdern als Bistro gehandelt. Drei kleine Räume, bis auf eine wuchtige Stuckatur völlig schmucklos und mit der Akustik einer Muschel ausgestattet, die auch das entfernteste Flüstern noch zu tosendem Brausen verstärkt; schalldämpfende Polster oder gar Tischdecken sind den üblichen Sparmaßnahmen zum Opfer gefallen, wohingegen der Arbeitsplatz eines Pianisten erhalten geblieben ist, was den politisch korrekten Anforderungen des Tages entspricht. Der Bistro-Charakter wird durch die Speisekarte betont, wo Kalbshaxe, Beuf Bourgignon, geschmorte Zucchiniblüten, Muscheln und Linsen mit Rauchfleisch sich um volkstümliche Schlichtheit bemühen, was durch die vernünftig kleinen Portionen wieder abgemildert wird. Gekocht werden die Simplizitäten solide bis gut, weil der Geschmack der Dinge rustikal ist, und genau das erwartet man ja in einem Bistro. Jedoch darf man diese Rustikalität nicht mit Deftigkeit verwechseln, dazu ist diese Küche zu ambitioniert. So ist denn eine Quiche mit Blutwurst und Äpfeln ein richtiger Leckerbissen, der die in Bistros unüblichen Amuse-Gueules vollwertig ersetzt. Auch die kleine Portion Kalbsbries auf Ochsenschwanz ist eher ein gelungener Gaumenschmeichler denn ein ausgewachsenes Zwischengericht. Sogar bei den Hauptgerichten ist eine Finesse zu entdecken, die hier, in der Fichtestraße, wo die berühmten Kreuzberger Kneipen ihrer früheren Popularität nachtrauern, lange nicht mehr registriert wurde. Die Ente ist voller Aroma,

le cochon bourgeois
fichtestraße 24 - 10967 berlin,
telefon 030 / 6 93 01 01
di - sa 18.00 - 23.30 (küche)

das Püree von Topionambur eine würdige Begleitung. Und die Kalbsnieren (endlich einmal Kalbsnieren!) könnten vielleicht mehr gepfeffert sein, aber kaum besser mit ihrem leckeren Zwiebelkompott. Sogar die Tarte Tatin ist einmal kein übersüßer Matsch, sondern ein manierlich kleines und wohlschmeckendes Dessert. Die Weinkarte entspricht der engagierten Küche, ohne den Rahmen eines Bistros zu verlassen. Jedenfalls sind die Weingläser wie sie sein sollten, und beim allabendlichen Hochbetrieb muss man längere Wartezeiten in Kauf nehmen. Was aber den Stammgästen den Spaß nicht verderben kann. (Keine Kreditkarten)

paris-moskau

Wie ein bizarres Weltraumschiff steht dieses schwarzweiße Fachwerkhaus in Sichtweite des Kanzlerbaus, denkmalgeschützt und eine gastronomische Perle von seltenem Glanz in dieser Gegend.

paris-moskau
alt-moabit 141 - 10557 berlin,
telefon 030 / 3 94 20 81
www.paris-moskau.de
täglich ab 18.00 uhr

Betritt man den kleinen Schankraum, fallen als erstes die weißen Tischdecken ins Auge, darauf die korrekten Gläser, die gruftige, schwarze Holzanrichte hinter der Theke und die vom Denkmalschutz übersehenen grünen Zimmerpflanzen. Was die Küche leistet, ist ebenso erstaunlich wie das Angebot der Weinkarte. Letztere bietet wahrscheinlich das beste Preis-Leistungs-Verhältnis in dieser gastronomischen Klasse: viele Weine aus allen Regionen der Welt, und die meisten unter 50 €. Auch die Speisekarte zögert merklich, Hauptgerichte für mehr als 25 € anzubieten. Das ist sogar bei weniger anspruchsvollen Adressen der Economy Class ungewöhnlich – hier trägt es zweifellos zur guten Stimmung der Esser bei; denn alles schmeckt ganz hervorragend. Bei der gebratenen Blutwurst mit Sauerkraut-Tortellini und Feldsalat stellt sich höchstens die Frage, wo denn das Sauerkraut sei, und wieso Nudeln als Begleitung zum kräftigen Kraut herhalten müssen. Aber trotzdem isst man es mit Genuss. Das lässt sich ohne Einschränkung auch vom Kaninchenragout mit Roter Bete sagen, von der Rotbarbe mit Calamaretti sowie vom gratinierten Kabeljau mit Senfsauce auf Blattspinat. Es ist einfach so, dass die Küche von „Paris-Moskau" sich sehr viel Mühe gibt, und der kochende Pächter Andreas Lochner diese Mühe umsetzen kann in erfreuliche Resultate. Dazu gehören auch die Desserts wie Kokossüppchen und Schoko-Griesknödel mit Honigeis. Und nicht zu vergessen der freundliche Service! Die Stammgäste wissen es zu schätzen und machen eine Tischbestellung unbedingt erforderlich.

tizian

hotel grand hyatt
marlene-dietrich-platz 2 - 10785 berlin
telefon 030 / 25 53 12 34
www.berlin.hyatt.de
täglich 7.30 - 23.00 uhr

Noch ein Italiener, aber einer von der eleganten Sorte. Und es stellt sich wieder einmal – nicht überraschenderweise – heraus, dass in den mehr oder weniger eleganten Lokalen auch mehr oder weniger besser gekocht wird als in den beliebten Nudelabfütterungsstätten mit der Kiez- und Journalistenklientel. Hier im modern coolen Ambiente des Hyatt Hotels stellt sich automatisch die Frage: in welche Kategorie gehört das „Tizian"? Wegen der Preise allein wäre es der Economy Class zuzuordnen. Alles andere, vom geschulten Service bis zu der Sorgfalt, mit der die Küche arbeitet, verdient einen besseren Rang. Denn die Bohnensuppe ist köstlich, vor allem, wenn man vom Olivenöl Gebrauch macht, das auf allen Tischen steht; die Minestrone ist es nicht minder. Der Blattgold-Risotto erweist sich, trotz der Reverenz vor dem Reisvergolder Marquesi, als Leckerbissen, und auch die Teigwaren (z.B. mit Kapern und Thunfisch) haben keinen Makel. Wunderbar der Weißwein vom Weingut Fodadori in Südtirol, und wer beim hausgemachten Tiramisu nicht in Begeisterung gerät, findet vielleicht Gefallen am süßen Anisbrot, das zum Cappuccino serviert wird.

Die tadellose Küche und das großzügig-elegante Ambiente machen das „Tizian" zu einer erfreulichen Ausnahme unter den handfesten Italienern Berlins.

aigner gendarmenmarkt

Ein modernes Restaurant mit allen Vorteilen, die die Moderne in der Gastronomie bewirken kann. Was wirklich so modern ist, lässt sich schlecht beschreiben, denn die schwarze Holzverkleidung erinnert eher ans 19. Jahrhundert denn an die Gegenwart. Vielleicht ist es der Verzicht auf bunte Dekors, vielleicht die Beleuchtung, welche abends gedimmt wird, so dass es in manchen Ecken grottenduster ist. Die Tische sind so angeordnet, dass man überall angenehm sitzt, weiße Tischdecken und gute Gläser stimmen festlich. Die Speisekarte ist beides nicht, weder festlich noch modern. Eine bürgerliche Alltagsküche wird dort angeboten, viel Ente und etwas Österreich. Der unverwüstliche Zander fehlt so wenig wie der Tafelspitz. Man könnte das alles beruhigend normal nennen, weil die überall festzustellenden Schwächen auch in anderen Restaurants normal sind. Jedenfalls dort, wo nicht ausdrücklich die Kochkunst angestrebt wird. Also die wenig gewürzten Fischfilets, die ziemlich harten Stücke vom Tafelspitz, der einfallslose Lollo Rosso und anderes Grünzeugs, die zu hart karamelierte Crème catalan – mit einem Wort, der normale Alltag in der bürgerlichen Küche.

Aber irgendwie machen das Ambiente und der nette Service gar keinen so bürgerlichen Eindruck. Auch die Weinkarte verrät einen gewissen Anspruch, und bei genauerem Lesen entdeckt man auf der Speisekarte „Entenmägen und -herzen mit feinen Nudeln" und staunt über die Kühnheit des Kochs sowie über die großen Portionen. Doch die seien ebenso wie die klassischen Fleischgerichte speziell auf die Gäste des

„Aigner" zugeschnitten, erfährt man. Tatsächlich sind abends alle Plätze besetzt, die „feinen Nudeln" sind wirklich fein, nur unter den Enten muss es ein paar hartherzige Exemplare gegeben haben. Aber ist nicht auch das normal?

dressler

Das hätte die „Paris Bar" von Berlin Mitte werden können. So französisch im Stil der zwanziger Jahre sind sogar im Mutterland der Cafe-Bars nur noch wenige Etablissements, so hübsch-elegant

dressler
unter den linden 39 - 10117 berlin
telefon 030 / 2 04 44 22
täglich 8.00 - 24.00 uhr

sitzt man in Berlin kaum ein zweites Mal. Aber irgendwie ist Dressler ein Touristentreff geworden, wie das Deux Magots am Boulevard Saint Germain, nur ruhiger und kleiner. Und ein richtiges Restaurant mit sogar einer Spezialität: die große Hummer- und Austernplatte. Zwei Herren am Nebentisch hatten sie bestellt und machten sich gelassen darüber her. Mein Neid angesichts ihrer genussvollen Mahlzeit steigerte sich von Gang zu Gang, weil ich eine Auswahl getroffen hatte, die auf den ersten Blick harmlos aussah, aber eine Schwachstelle der Speisekarte traf. Auf preußisch perfekte Weise wurde dabei das Salz so von den Tellern verbannt, dass mein Blutdruck erschrocken in den Keller fiel. Eines dieser Gerichte hieß Kürbisgnocchi und hätte auch Kartoffelpüree heißen können, weil geschmacklich kein Unterschied bestand. Beide waren gleichermaßen salzlos und fad wie die gebratene Kalbsleber. Ich will nicht von den dicken Zwiebelringen reden, die nach einer Berliner Tradition neben der Leber zu liegen haben, und würde die ganze Misere überhaupt nicht erwähnen, wäre da nicht die Platte mit den Muscheln, den Austern und dem Hummer am Nebentisch gewesen. Die sind nicht leicht zu entsalzen und müssen köstlich geschmeckt haben, denn die beiden Herren saßen immer noch über ihren Schalentieren, als ich das Lokal verließ. Dieses, um das noch einmal zu betonen, ist ein sehr gepflegter Aufenthaltsraum für Gäste, die Spaß an den Art-Deko Details haben, an den Fotos und Bildern und auch nicht erschrecken, wenn ihr Blutdruck versenkt wird. Außerdem kann eine andere Auswahl zu anderen Erlebnissen führen.

portalis

Das von mir trotz des schaurigen Anstrichs sehr geschätzte Portalis in der Kronenstrasse hat einen neuen Küchenchef. Der alte, der dem Restaurant einen Michelinstern erkocht hatte, wurde durch Thomas Kellermann ersetzt, der vorher im Münchner „Tantris" als Sous-Chef gearbeitet hat. Da kann nichts schief gehen, sollte man meinen, und es ging auch nichts schief, als ich die unverändert leichten und modernen Gerichte probierte. Auch sind die Preise fürs Gebotene mehr als akzeptabel. Dennoch ist es mittags hier, so nahe am Gendarmenmarkt, erschreckend leer. Die Berliner Gastronomie leidet nach wie vor unter dem Widerwillen der Berliner, das Mittagessen zu einer erfreulichen Unterbrechung des täglichen Einerleis zu machen.

portalis
kronenstraße 55 - 10117 berlin
telefon 030 / 20 45 54 96
di - sa 12.00 - 15.00 uhr
und 18.00 - 1.00 uhr

pan asia

pan asia
rosenthaler straße 38 - 10178 berlin
telefon 030 / 27 90 88 11
www.panasia.de
mo - so 11.00 - 24.00 uhr
(warme küche)

Roland Mary, der erfolgreiche Gastronom des „Borchardt", hat mitten im Revier der jungen Neurasteniker an den Hackischen Höfen ein zweites Lokal eröffnet. Es liegt im Hinterhof und verströmt den Charme eines tibetanischen Bahnhofrestaurants, dekoriert mit Schaustücken finnischer Hartholzschreiner. Man sitzt also an wuchtigen, langen Tischen in der Nachbarschaft schwitzender Nudelschlürfer. Denn manche Gerichte sind scharf, wie das bei asiatischer Kost nicht selten ist. Diese hier überzeugt durch den großen Anteil frischer Gemüse und Kräuter in den köstlichen Kokossuppen, der Delikatesse der verschiedenfarbigen Curries und der allgemein subtilen Aromaten. Die Platte mit gemischten Sashimi ist Feinkost in ihrer ultimativen Form; die kurze Weinkarte zeugt von der Schwierigkeit, zum Sushi einen passenden Tropfen zu finden.

paris bar

Schon als Berlin noch Frontstadt war, probten sie auf den roten Kunstlederbänken den Aufstand gegen Schwabings geballten Kulturanspruch. Auch heute noch führen Bart- und Armaniträger hier ihr Ego Gassi. Als Prominententreff für die art-and-media-Schickeria unersetzlich, ist die Paris Bar für Berlin, was Schuhmann's für München ist: Der ultimative Treffpunkt der Bussi-Society. Dafür wird die Paris Bar geschmäht, während die Münchner Schuhmann's bejubeln. Gering geschätzt bei der Berliner Bar wird auch ihre Küche, was nur teilweise berechtigt ist.

Zweifellos ist die Paris Bar der Ort in Berlin, der einem Pariser Bistro ähnlicher ist als alle anderen Imitate. Deshalb darf man die Qualität der Küche nicht so streng sehen. Gewiss ist die Paté Maison (6,50 €) trocken und krümelig, die Tarte Tatin gefährlich süß (4,55 €). Und die Weingläser sind nach wie vor eine Schande (der Wein aber auch). Doch Kalbsnieren (10 €), Steak minute, die Pommes und der eine oder andere Fisch haben wenigstens Geschmack. Vor allem die Vinaigrette zu den Salaten ist so unberlinisch wie möglich, also gut.

paris bar
kantstraße 152 - 10623 berlin
telefon 030 / 3 13 80 52
täglich 12.00 - 2.00 uhr
küche bis 1.00 uhr

mcbride's brasserie

Inmitten der attraktiven Heckmannhöfe neben der Synagoge – und daher gut geschützt durch die froschgrünen Bewacher des Senats – fühlt sich das feinsinnige Volk aus der nahen Kunstszene sichtlich wohl. Kein Wunder: Diese Brasserie gehört zu den Adressen, die man an gute Freunde weitergibt. Eine gemütliche Backstein-Kneipe, die der Betreiber Brasserie nennt und die in Wirklichkeit ein bemerkenswertes Kleinrestaurant ist; hübsch dekoriert, mit einem attraktiven Wintergarten und auch einem Garten für sonnige Sommertage, wo die Gäste unter logofreien Sonnenschirmen sitzen und glauben können, sie seien in Barcelona. Die professionelle Küche ist scheinbar einfach, in Wahrheit aber auf dem Weg zur Kochkunst, was an intelligenten (also nicht verkrampft originellen) Kreationen zu erkennen ist, wie das Kartoffel-Sesam-Püree, die Sauerkrautsuppe und eine Reihe von selbstgemachten, köstlichen Desserts. Selbstgemacht ist sowieso alles bei McBride's, man kann die Köche bei der Arbeit beobachten, und woher die Produkte stammen, verrät die Speisekarte bereitwillig, wie auch die erfreuliche Weinauswahl kenntnisreich kommentiert wird (Müller-Catoir, Chignin Bergeron, Baumes-de-Venise). Ebenfalls entsprechen die edlen Gläser dem Anspruch, der diese Brasserie deutlich über den Durchschnitt der Economy Class hebt. In dem kleinen Backsteinbau gibt's wunderbare Suppen sowie leckere Poulardenburst auf Rotweinbutter. Köstlicher Sauterkrauteintopf (6,- €), Apple Crumble mit Kokoseis (6,50 €), 0,2 l 1999er Riesling QbA, Robert Weil (5,- €), Regaliali 5 und alles wird überaus freundlich serviert.

mcbride's brasserie (in den heckmann höfen)
oranienburger straße 32 - 10117 berlin
telefon 030 / 28 38 64 61
www.mcbride.de

mo - fr ab 18.00 uhr
sa - so ab 11.30 uhr
küche bis 24.00 uhr
dienstag geschlossen

schwarzenraben

Unter der Hundertschaft von Szenekneipen bei den Hackischen Höfen ist diese die populärste. Also immer voll bis spät in die Nacht. Das Erfolgsrezept ist dasselbe wie bei anderen In-Lokalen: Hoher, schmaler Raum, dunkel, eng, laut und italienische Küche. Der vordere, beliebteste Teil ist Café und Bar, während weiter hinten die Esser auf langen Bänken sitzen. Die Speisekarte verrät den Ahnungslosen endlich einmal, was Spaghetti sind, nämlich „Nichthohlelangrundnudeln", sie kosten wie die „Buchweizenmehlrechtecknudeln" 13 €, wobei salsa di pomodore, olive,

schwarzenraben
neue schönhauser straße 13 - 10178 berlin
telefon 030 / 28 39 16 98
täglich ab 10.00 uhr

capperie, acciughe e prezzemolo inbegriffen sind. Mit den „Sardinen nach venezianischer Art" treiben sie in der Küche ihren Spaß, indem sie sie mit Rosinen und Essigzwiebeln kombinieren, nachdem sie matschig gebraten wurden. Die Saltimbocca alla romana sind kleine Rouladen und ganz lecker (22 €), wie auch die Involtini von Auberginen (13 €). Doch die Überraschung bietet die Weinkarte mit einem Tannat „Medanos" aus Uruguay für 33 Silberlinge, der ein richtiger „Nichtweißalkoholischvergorenenrebsaft" ist und zu allem passt, was die freundlichen Kellner anschleppen.

engelbrecht

engelbrecht
schiffbauerdamm 6/7 - 10117 berlin
telefon 030 / 28 59 85 85
www.engelbrecht-berlin.de
mo - sa 12.00 - 23.00 uhr

In der Kneipenzeile am Spreeufer ist dieses adrette Bistro unangefochten die Nummer Eins. Man ahnt es beim Anblick der Weingläser und der Stoffservietten, man hofft es beim Lesen der Speisekarten und ist sich sicher, wenn man die Weinkarte studiert. Mittags gibt es nur wenig zu essen, dafür ist es billiger als abends und trotzdem gut. Zwar schmeckt eine Bulette in Brandenburg immer wie eine Bulette, auch wenn sie wie hier schon mal vom Wildschwein ist. Zwar gibt es leckeres Rotkraut auch in anderen Kneipen, sogar wenn keine dicken Feigen drin sind. Aber die Entenbrust war vorzüglich, und wenn mal keine Desserts vorrätig sind, hat das einen sympathischen Grund: die werden am Nachmittag frisch gemacht. Eine Weinauswahl wie in der Business Class und die professionelle Bedienung tragen zur Attraktion des „Engelbrecht" bei. Hauptgerichte 10 € (mittags) bis 22 € abends; 1/2 Flasche 95er Riesling von Trimbach 14 €.

lindenlife

Das Restaurant liegt genau gegenüber der russischen Botschaft und ist genauso lang. Der Westflügel ist Restaurant, der Ostflügel Weinbar und -handlung. Gehandelt werden hier fast ausschließlich Pfälzer Weine, was ja kein Nachteil ist. Der besteht allenfalls darin, dass die Passanten nicht zwischen Weinstube, Bistro und Restaurant unterscheiden. Während im Parterre die beiden ersten Kategorien existieren, findet man in der ersten Etage auch weiß eingedeckte Tische und – die gleiche Speisekarte wie unten. Wenn ich mich nicht irre, gibt es trotzdem gewisse Unterschiede, und sei es unten das violette Licht sowie oben die verstärkten Anstrengungen der Küche unter Rainer Wolter, der auf einen ansehnlichen Werdegang zurückblicken kann (Baden-Baden, Hamburg). Er würde die erste Etage gern zu einem Gourmet-Restaurant umfunktionieren, was ungefähr der Aufgabe gleich käme, einen Ausflugsdampfer in ein Trappistenkloster zu verwandeln. Immerhin, die gute Absicht ist da. Und man schmeckt es (wenn er am Herd steht), beim Salat mit Kürbisgemüse, bei den jungen, gehäuteten Saubohnen zu Wachtelbeinen und vielen anderen Details. Dort wo Einzelheiten Wünsche offen lassen, versöhnen die deutschen Weißweine, auf deren überraschend niedrigen Preisen pro Flasche jedoch 14,- € Korkgeld erhoben wird, denn es handelt sich um die Ladenpreise vom „Weinlife" im Ostflügel. „Lindenlife" wird entweder eine künftige Feinschmeckeradresse oder bleibt ein empfehlenswertes Beispiel der preiswerten Economy Klasse.

haus des deutschen bundestages
unter den linden 54-60 - 10 117 berlin
telefon 030 / 2 06 29 03 33
www.lindenlife.de
täglich 9.30 - 24.00 uhr

brasserie am gendarmenmarkt

brasserie am gendarmenmarkt
taubenstraße 30 - 10117 berlin
telefon 030 / 20 45 35 01
www.brasserieamgendarmenmarkt.de
täglich 11.30 - 1.00 uhr

Berlins berühmte Adresse, die von größenwahnsinnigen Lokalpatrioten immer noch für einen der schönsten Plätze Europas gehalten wird, besitzt eine Futterstelle, die wenigstens unter den Berliner Brasserien eine der schönsten ist. Man sitzt im Neo-Artdeco Ambiente einer typischen Großstadtbrasserie, wie es sich gehört, dicht gedrängt auf roten Bänken oder an freistehenden Tischen, die Auswahl an Speisen ist ebenso begrenzt wie standardisiert, die Weine stammen aus aller Welt, das Personal gibt sich Mühe, und man ist versucht zu vergessen, dass die hauptstädtischen Essgewohnheiten eher provinziell sind. Die davon deutlich zeugenden Beweise wie die frittierten Zwiebelringe auf der Kalbsleber kann man entfernen lassen, ohne auf Widerspruch zu stoßen; die Flammenkuchen genannte Pizza als halbe Portion (mit der elsässischen Version nicht verwandt oder verschwägert) wird frisch gebacken und trägt statt Zwiebelringe Salatgrün auf den dünnen Schultern, was ihr kaum schadet, und ein Glas australischer Chardonnay für 6,- € ist ebenfalls kein Wucher. Kirsten und ihre Kolleginnen sind gleichbleibend freundlich. Preiswertes Quicklunch.

bovril

Wo die eleganten Luxusboutiquen auf Kundschaft lauern, liegt wie von Edward Hopper gemalt: The All-American Diner, Baujahr 1944, mit Doris Day vom Tonband. Sogar die Ruckzuck-Küche bemüht sich um Ähnlichkeiten – halb aufgewärmt, halb gar. Spargel und Linsen al dente verweisen allerdings, wie die klobigen Gläser, auf Berliner Gegenwart, wo man einen gelatinösen Pudding ungestraft als Tiramisu bezeichnen kann.

bovril
kurfürstendamm 184 - 10707 berlin
telefon 030 / 8 81 84 61
www.bovril.de
mo - sa 11.00 - 1.00 uhr

entrecote
fred's restaurant

entrecote fred's restaurant
schützenstraße 5 - 10117 berlin
telefon 030 / 20 16 54 96
mo - fr 12.00 - 24.00 uhr
sa 18.00 - 24.00 uhr
sonntag geschlossen

Der Verdacht besteht, dass es sich bei Fred um den einzigen Menschen handelt, der in diesem schlauchartigen Lokal um die Sättigung der Gäste bemüht ist. Es dauerte zweieinhalb Stunden, bis wir endlich unser bescheidenes Bistroessen bezahlen konnten. Die Auswahl ist spärlich, beim Wein gleich null. Neben dem Entrecôte gibt's auch Entenbrust und Lammkoteletts; die Fleischqualitäten sind korrekt, und Fred findet sogar Zeit, das Essen zu würzen. Wer die Koteletts bestellt, wird zu schlechten Manieren aufgefordert: die Speisekarte nennt sie, deren Rippchen sauber geputzt sind, Handspeise. Ich sah aber niemanden, der auf Messer und Gabel verzichtet hätte. Dafür saß ich einem großen Pferd gegenüber. Es hing an der Wand und war gemalt, sowie mit der Unterschrift versehen: „Horses cannot swim". Mal was anderes als immer Rindfleisch. Können Ochsen schwimmen? Das leckere Matjesfilet wurde jedenfalls schon mal im Wasser gesehen.

lubitsch

Wer in diesem schmalen Schlauch sein Brot verzehrt, hat nicht unbedingt etwas mit dem Kino zu tun. Aber Schornsteinfeger sind hier noch seltener. Dabei kann man traditionelle Dinge essen, die auch den schwarzen Glücksbringern gut schmecken würden. Zum Beispiel die Berliner Kartoffelsuppe mit Knack oder die Schweinewürstchen auf Sahnekohl – alles gut gewürzte Beispiele preußischer Bescheidenheit. Der hausgebeizte Lachs hatte sogar zu viel des Guten (Salz), wodurch die offenen Weine ihre Unzulänglichkeit offenbarten. Freundliche Bedienung und friedfertiges Publikum.

lubitsch
bleibtreustraße 47 - 10623 berlin
telefon 030 / 8 82 37 56
mo - sa 9.00 - 1.00 uhr
so 17.00 - 1.00 uhr

langhans

langhans
charlottenstraße 59 - 10117 berlin
telefon 030 / 20 94 50 70
www.restaurant-langhans.de

mo - sa küche 12.00 - 23.30 uhr
bar bis 2.00 uhr

Ein Mittelding zwischen Bar, Cafe und Restaurant auf drei Ebenen mit Blick auf den Gendarmenmarkt. Preiswerte Mittagsmenüs in jenem Stilmix, der den Wok mit der Kasserolle verbindet. Also Sashimi, Maispoularde und schwarze Nudeln, gekonnt ausgeführt und angenehm gewürzt. Die sehr kurze Karte wird abends etwas erweitert. Gute Weine, darunter der prachtvolle Chardonnay R 1998 von Rebholz. Schwach gesüßte fantasievolle Desserts. Häufig anwesend: Pilzsuppe, Tagliatelle, Poularde, White Port in 5 cl-Gläsern.

sale e tabacchi

Wer hier niemals saß und sich an Nudeln überfraß, ist kein Journalist und gehört nicht zu den Stadtneurotikern. Für die Stammgäste ist es „der beste Italiener", Gourmets widersprechen laut, aber die gehören auch nicht zum Stamm. Wenn es um 22 Uhr voll ist, produziert „Sale e Tabacchi" jedenfalls den höchsten Geräuschpegel (= Lärm) aller Berliner In-Lokale. Ebenfalls beachtlich ist der Artischockensalat und die Weinkarte, auf der jenseits der 50 €-Grenze schöne Flaschen stehen. Deftige Gnocchi, sehr süßes Tiramisu, Malvasier glasweise. Hübsche überdachte Veranda mit bukolischen Malereien.

sale e tabacchi
kochstraße 18 - 10969 berlin
telefon 030 / 2 52 11 55
mo - fr 9.00 - 24.00 uhr
sa - so 10.00 - 24.00 uhr

svevo

svevo
lausitzer straße 25 - 10 999 berlin
telefon 030 / 61 07 32 16
di - sa ab 18.00 uhr

Hier in Kreuzberg sind Küchenleistungen, wie sie das Svevo bietet, nicht gerade an der Tagesordnung. Dagegen ist die minimalistische Ausstattung ortstypisch. Und auch hier versprechen die Patrons mediterrane Küche, verstehen darunter aber eher das Raffinement der Hochküche, die sie mit großem Ehrgeiz und nicht ungeschickt anpeilen. Dicke Foie gras als Füllung einer Perlhuhnbrust und kleine Currybananen zeugen von Üppigkeit und Fantasie, der warme Grießflammery von Gespür für den Zeitgeist. Weil alles frisch gemacht wird, muss man lange Wartezeiten zwischen den Gängen in Kauf nehmen. Auf der noch kleinen Weinkarte findet man Vitus aus dem Barrique von Heger und den Chardonnay von Rebholz.

ottenthal

Diese österreichische Jausenstation neben den beiden Paris Bars ist jeden Abend proppenvoll. Die Stammgäste begründen das mit den großen Portionen, Zyniker mit kritiklos akzeptiertem Austria-Bonus, welcher das Wiener Schnitzel zur Lieblingsplattitude der Berliner Gastronomie gemacht hat.

Tatsächlich ist das plattgeklopfte, panierte und ausgebackene Kalbsschnitzel hier eine Spezialität. (Viele Gäste lassen sich dessen Hälfte einpacken. Für den hungrigen Hund zu Hause?) So müssen auch die Salate bewertet werden, die Suppen (wegen ihrer mehligen Konsistenz) und vor allem die Knödel. Die mit Gänsefleisch gefüllten, tennisballgroßen Teigkugeln sind ebenso Furcht einflößend wie die Spinatknödel, wenn man bedenkt, dass sie nicht vor 21:00 Uhr gegessen und die Esser durch den baldigen Schlaf begleiten werden. Insofern ist ein Essen im „Ottenthal" eine Karikatur deutscher Essgewohnheiten, auch wenn ich vermute, dass sich seit der Jahrhundertwende ein neuer, besserer Küchenchef um das Abschmecken der Großportionen kümmert. Sogar der unvermeidliche Salathaufen hatte Geschmack.

Für die gute Qualität des Kaffees ist die Küche weniger zuständig, und schon gar nicht für die Weinkarte. Erwartungsgemäß konzentriert sie sich auf österreichische Weine, vor allem Grüne Veltliner. Doch bis man den ersten Schluck im Glas hat, verstreichen wertvolle Minuten, weil der weibliche Service bei vollem Haus völlig überfordert ist und sich alle 30 Minuten zu einer Zigarettenpause an der Theke versammelt. Die Zufriedenheit der Gäste scheint mir übertrieben,

ottenthal
kantstraße 153 - 10623 berlin
telefon 030 / 3 13 31 62
www.ottenthal.de
täglich 18.00 - 1.00 uhr

andererseits sollte man die Tierliebe der Schnitzelesser nicht übersehen. Darüber hinaus sitzt man eng, das Innsbrucker Wasser ist vorzüglich und die Servietten sind aus Papier.

weinstein mitte

weinstein mitte
mittelstraße 1 - 10117 berlin
telefon 030 / 20 64 96 69
mo - fr 12.00 - 24.00 uhr
sa 17.00 - 24.00 uhr

Ein properer Ableger vom originalen Weinstein am Prenzlauer Berg. Was dort dunkel und primitiv scheint, präsentiert sich hier bürgerlich-aufgeräumt, ohne Schmuddel-Charme und Szene-Dekor. Erwartungsgemäß viele gute Weine, wenn auch die roten zu warm serviert wurden. Die Küche kocht auf einer völlig anderen Wellenlänge als im nordöstlichen Kiez, nämlich bemüht originell und modern. Das sieht dann so aus, dass hier banale Tapas unter den Vorspeisen rangieren, worauf die bunte, kreative Welt auf den Tellern besichtigt werden kann. Kühn zu nennen ist das Kartoffelpüree mit Vanille (zum Schwein), und nur wichtig macht sich eine hochgeschäumte rosa Suppe, an der Erbsen und Hummer beteiligt sein sollen. Leider sind diese Extravaganzen verblüffend langweilig und auch die anderen, manchmal aufwändigen Tellergerichte rissen uns nicht vom Stuhl. Das schafften erst der 1997er Tiglat von Velich, einer der besten österreichischen Chardonnays, sowie der Pinot Noir von Saintsbury (Napa Valley). Es sind also vor allem Weinfreunde, die sich in den gepflegten Räumen wohlfühlen.

witzmann

Die Nähe zu den Regierungsgebäuden hat in dieser banalen Straße mehrere Bars und Kleinrestaurants entstehen lassen. Hübsche Läden, modern gestylt ohne Ornamente, mit ökologischen Details: viel Naturholz, kein Plastik.

Wenn das die Zukunft der Berliner Kleingastronomie ist, steht es nicht schlecht um die Economy Class. Im Witzmann haben sie sogar gute Weingläser und hatten auch gute Weine, bevor dort ein Besitzerwechsel eintrat. Jetzt sind viele Flaschen ausgetrunken. In der Küche bemüht man sich auf sympathische Weise um einen persönlichen Stil, was manchmal erfreulich wirkt, manchmal den Griff zum Salzstreuer zur Folge hat. Freundliche Bedienung, vernünftige Preise.

witzmann
reinhardt straße 33 - 10117 berlin
telefon 030 / 28 04 57 01
mo - sa 12.00 - 24.00 uhr

shima

Kneipen in bürgerlichen Wohngegenden sind nie richtig cool, sagen die Kenner. Dieses Kleinrestaurant hat immerhin eine Bar („Lounge" genannt) und eine imponierende Anzahl von Cocktails im Angebot. Die Weine begeistern weniger, denn sie stammen fast ausschließlich aus der Neuen Welt, sind also süffig und ziemlich langweilig. (Teure, anspruchsvolle Sorten fehlen.) Doch zur Küche des Shima passen sie nicht schlecht. Denn die ist ebenfalls New World, mit der Betonung auf Asien. Also der beliebte panasiatische Stilmix von der Erdnusscremesuppe bis zu Tandoorigerichten. Die machen sie hier routiniert und gut gewürzt, wobei mich die übervollen Teller und die roten Wachstuchtischdecken stören. Ein dicker, festlich illuminierter Buddha unter den Ventilatoren mahnt zur Nachsicht, auch wenn sie in den Fernet Branca schon mal einen Schuss süßen Saft kippen.

shima
schwäbische straße 5 - 10781 berlin
telefon 030 / 2 11 19 90
www.shima-world.de
täglich ab 18.00 uhr

monsieur vuong

monsieur vuong
alte schönhauser straße 46 - 10119 berlin
telefon 030 / 30 87 26 43
mo - sa 12.00 - 24.00 uhr
so 14.00 - 24.00 uhr

Hier in der Nachbarschaft der Hackeschen Höfe wird es noch einige Zeit dauern, bis sie den Schmuddel-Chic des Kiez gereinigt und geföhnt haben. In diesem Indochina-Café sitzt man auf und isst von hartem Holz drei Suppen und nur wenige Hauptgerichte. Alles frisch gemachte, sehr große Portionen und überraschend angenehm gewürzt.

Monsieur Vuong jr. ist die Freundlichkeit in Person und das Publikum an den Umgang mit Essstäbchen gewöhnt. Wein gibt es praktisch nicht, also schlürft man Darjeeling oder Jasmin zur halben Portion Wan Tan Suppe oder zu Huhn mit Reis oder Nudeln. Als Dessert steht ein Bananenpudding zur Verfügung, eine dicke, süße Pampe, die zur Ruhigstellung der kreischenden Kleinkinder ausreichte, wenn den tauben Müttern nur daran gelegen wäre.

ständige vertretung

Es ist nicht (mehr) das Heimweh nach dem Rheinland, das Abend für Abend die Gäste in diese Kneipenhalle treibt. Zwar wird man von den freundlichen Typen immer noch mit „Ein leckeres Kölsch zuvor?" begrüßt, aber ein offener Wein tut es auch. Überhaupt sollte man auf der Speisekarte alles meiden, was nach Rheinland klingt. Zum Beispiel „Himmel und Ääd", die skurrile Mixtur aus Apfelkompott, Kartoffelpüree und Blutwurst, wobei die Wurst den Part des blutrünstigen Schurken nicht ausfüllt, weil sie vor allem aus Mehl besteht. Gegen Heimweh nach dem Rheinland wirkt auch der „Rheinische Sauerbraten" mit den unsäglichen Kartoffelklößen und den drei, absolut trockenen Fleischscheiben. Beides gehört zur altdeutschen Plumpsküche, die zwischen Rhein und Ruhr auch heute noch in Ehren gehalten wird (8,90 € und 12,50 €).

Dringend empfehlenswert sind dagegen die Flammekuchen, jene badisch-elsässischen, hauchdünnen Pizzas, die auf dem Holzbrett serviert werden (7,20 €). Davon gibt es viele Variationen; mir haben die elsässische und die vegetarische Version mit Spinat am besten geschmeckt. Und diese Spezialität kann auch für einen befriedigenden Ausgang eines Essens in der STÄV sorgen, weil es eine süße Variante gibt (7,70 €). Der Klacks Speiseeis darauf schmeckt zwar schamlos nach Fabrik, aber nach mehreren Vierteln des Silvaner vom Julius Spital in Würzburg (4,40 €) spielt das keine Rolle. Der Raum der „Ständigen Vertretung" ist ein mit Fotos dekorierter Saal, wo offenbar jeder Prominente schon einmal ein „leckeres Kölsch" getrunken

ständige vertretung
schiffbauerdamm 8 - 10117 berlin
telefon 030 / 28 59 87 36
www.staendigevertretung.de
täglich 11.00 - 1.00 uhr

hat. Ästheten rate ich, die Resopaltische zu meiden; im hinteren Teil des Raumes stehen welche aus rohem Holz. In jedem Fall muss man sie mit anderen Gästen teilen.

potsdamer platz 1

Nur vier relevante Gastronomiebetriebe in den Schluchten der Billigläden am Potsdamer Platz sind wahrscheinlich weniger, als sich die Planer dieses Glitzerdings gewünscht haben. Das Restaurant, dem seine Adresse zur Namensgebung genügte, profitiert davon. Dabei besitzt es ein spitzwinkeliges Anti-Sheng-Fui-Ambiente, hinter dessen großen Fenstern man gezwungen ist, die Gammeltouristen vorbeilatschen zu sehen.

Speise- und Weinkarte lassen allerdings auf eine solide Küche hoffen, die Preise sind erträglich. Doch in der Zeit, die der schusselige Kellner braucht, um die bestellte Flasche im Weinschrank zu finden, hätte ich sie woanders bereits leer getrunken.

In der Küche sind sie etwas fixer und unerwartet originell. Denn dort bekennen sie sich zu den Traditionen der deutschen Küche! Dazu gehört der dünngeschnittene, marinierte Kürbis mit viel Feldsalat ebenso wie die Königsberger Klopse aus Lammhack, die Steckrübensuppe und der Schweinebraten von der Ökosau. Alles wird vernünftig zubereitet und gut gewürzt aufgetischt. Der Braten butterzart, die Klopse gut gewürzt und wie die Steckrüben richtig lecker (mit zu viel Kochfleisch im Teller), der Kürbis geradezu delikat. Leider waren die bestellten Desserts so wenig zu finden wie die Weinflaschen im Schrank. Wer auf die glitzernde Insel des billigen Kommerz verschlagen wird, kann in der Nummer 1 problemlos überleben.

potsdamer platz 1
potsdamer platz 1 - 10785 berlin
telefon 030 / 25 37 89 45
täglich 12.30 - 24.00 uhr

gugelhof

gugelhof
kollwitzplatz 37 - 10435 berlin
telefon 030 / 4 42 92 29
täglich 10.00 - 1.00 uhr

Unter den Spelunken am Prenzlauer Berg, wo die Langschläfer des Kiez noch bis 16 Uhr frühstücken, ist der Gugelhof ein typisches Beispiel des hier grassierenden Shabby-Schicks, Modell Armenasyl, Normalausführung, nicht charmebelastet und reizlos. Wer Hunger hat, muss an den rohen Holztischen auf eine Kalorieneinnahme größeren Ausmaßes gefasst sein. Sie servieren hier eine Portion mit Käse überbackener Schupfnudeln, die könnte eine Schulklasse sättigen; die einzelnen Gerichte, ob Fisch oder Fleisch, werden unter wüsten Salathaufen begraben und von schwappenden Saucen umspült; die Schlagsahne zum Dessert kann schon mal ranzig schmecken. Erstaunlicherweise gelingen der Küche die Fischstücke nicht schlecht, zum Beispiel der Zander vom Grill (12,80 €), während der elsässische Flammenkuchen (6,50 €) durch halbrohe Zwiebelmassen eher balkanesisch wirkt und sich darin von seiner vegetarischen Version (8,- €) nicht unterscheidet. Offene Säuerlinge 3,20 €.

hasir

Wär ja gelacht, wenn die Berliner Türken nicht auch gute Restaurants hätten. Die Hasir-Filiale wirkt fast festlich durch den uniformierten Türhüter auf dem Szene-Corso vor dem Haus. Innen ist viel Platz in orientalischem Dekor. Wie so oft sind kalte und warme Vorspeisen der schönste Teil der türkischen Küche, und sie reichen auch für den normalen Hunger, wenn man das Fladenbrot mit Käse nicht auslässt. Türkischen Wein gibt's auch, aber deutsches Bier passt besser zu Gurken und Tomaten.

hasir
oranienburger straße 4 - 10117 berlin
telefon 030 / 28 04 16 16
täglich 12.00 - 1.00 uhr

issan

issan
unter den linden 78 - 10117 berlin
telefon 030 / 22 48 81 47
mo - fr 12.00 - 15.00 uhr
und 18.00 - 23.00 uhr
sa 18.00 - 23.00 uhr

Genau gegenüber dem Adlon liegt diese vorzügliche Quelle kulinarischer Freuden. Ein kleines Lokal, schlicht aber geschmackvoll eingerichtet, mäßig dekoriert, freundliche Bedienung, sehr preiswert. Das Tagesmenü für 9 € besteht aus Suppe und Hauptgericht, und ist das Leckerste, das man zu diesem Preis in Berlin zu essen bekommt. Außerdem kochen sie dort noch köstliche Suppen mit Kokosmilch, ausgebackene Garnelen und à la carte Gerichte mit verwirrenden Namen wie Tom, Yam, Gai, Ped Tun Mana und was die thailändische Sprache sonst noch bereithält, um die Spezialitäten des Landes zu benennen. Sie kosten zwischen 6 € und 16 €, sind wunderbar leicht und scharf und schmecken fabelhaft. Ein Dummkopf, wer da noch zu den Fast Food Krippen geht. Einige Weine glasweise, aber das alkoholfreie Bier passt besser.

kabir

Wer hier auf den klobigen Stühlen sitzt, ist der gewöhnlichen Fadheit entronnen. Indische Küche, ohne Elefanten und ohne bunte Saris. Von den Suppen bis zu vegetarischen Tellern wird gewürzt, dass es eine Freude ist, auf Wunsch scharf bis zum Zimmerbrand. Schon die hauchdünnen Oblaten zur Begrüßung sind gut gepfeffert (im Gegensatz zur Rechnung). Die kommt in Begleitung eines Mango-Likörs mit nur 4% Alkohol. Dazwischen wird alles frisch zubereitet, so dass die kalten Sushis beim Vergleich mit heißem Reis a la Kabir einige Fans verlieren dürften. Naturgemäß spielen auch vegetarische Gerichte eine Rolle.

kabir
carmerstraße 17 - 10623 berlin
telefon 030 / 3 12 81 57
mo - fr 12.00 - 24.00 uhr
sa - so 12.00 - 1.00 uhr

kuchi

kuchi
kantstraße 30 - 10623 berlin
telefon 030 / 31 50 78 15
www.kuchi.de
mo - do 12.00 - 24.00 uhr
fr - so ab 12.30 uhr

Dieser sympathische Laden ist winzig und primitiv, nennt sich aber „Restaurant" und führt „Sushi & Grill" im Titel. Die kalten Reisklößchen gibt es tatsächlich, darüber hinaus ist die Küche eher thailändisch. Vor allem aber leicht und frisch und gesund. Obwohl die Portionen groß sind, erhebt man sich von der Bank am langen Tisch, den man mit anderen teilt, in dem Bewusstsein, etwas für seine Gesundheit getan zu haben. Da Sojasauce und Sambal Oleg auf den schmucklosen Tischen stehen, kann man nachwürzen, wenn der Diät-Faktor zu sehr dominiert. Spicy Seafood, Noodle Soup, Miso Ente und andere Bekannte aus Panasia freuen sich über Ihr Kommen.

manzini

Der alte Westen Berlins gewinnt heftig an Attraktivität, was man wie immer zuerst bei der Gastronomie feststellt. Qualitätsverbesserungen bei notorisch nachlässigen Betrieben sind ebenso wenig zu übersehen, wie die größer werdende Zahl der Stammgäste in den Bistros und Bars. „Manzini" zieht vor allem Medien People an, die sich in dieser Bistrokulisse unter den Muranolüstern wohlfühlen. Warum auch nicht? Die Preise sind normal, die Aromen gottlob nicht, sondern schön ausgeprägt, und sogar Salat können sie hier anmachen, wie man das in der Economy Class nicht immer erwartet. Leckere Quarkknödel, kräftiger Risotto und eine originelle Version der Sachertorte in runden Scheiben prägen sich als angenehme Spezialitäten ein. Nur kleine Weinkarte. Im vorderen Teil Bistrobänke, hinten einige Logen.

manzini
ludwigkirchstraße 11 - 10719 berlin
telefon 030 / 8 85 78 20
www.manzini.de
täglich 8.00 - 2.00 uhr

manzini mitte

manzini mitte
reinhardtstraße 14 - 10117 berlin
telefon 030 / 28 04 55 10
www.manzini-mitte.de
mo - fr 9.00 - 19.00 uhr

Die Nähe der Regierungszentren hat die Reinhardtstraße geprägt, schmucke Kleinrestaurants und Bars jede Menge. Und die Parteizentrale der FDP. Deren Haus besitzt einen großen, hellen Innenhof, in den ziemlich ungeordnet Tische, Stühle und Lederbänke gestellt wurden wie zu einem Straßenfest. Das ist das „Manzini-Mitte".

Abgesehen vom ungewöhnlichen Ambiente mit Blick ins Grüne und eventuell auf den Parteivorsitzenden, ist das Manzini für große Portionen berüchtigt. Da werden Suppen und Eintöpfe in Zweiliterschüsseln serviert und unter den Salathaufen könnte man die restlichen Flaschen verstecken, welche auf der kurzen Weinkarte noch vorrätig sind.

Das Motto der Küche heißt unmissverständlich Hausmannskost. Also wird notdürftig gewürzt und nachlässig gekocht, wie etwa wenn der Flammenkuchen einfach mit kaltem Salat und rohem Schinken belegt wird. Der Kaiserschmarren kommt braunschwarz auf den Tisch, was darauf hindeutet, dass er ein Neoschmarren ist. Die Waffelherzen zu geschmorten Ochsenbacken sind einmalig insofern, als niemand sie bisher zusammenbrachte. Zwischen den Tischen ist Platz genug, um unbelauscht zu telefonieren.

mario

Das Ristorante an der Ecke Mommsenstraße ist von Kopf bis Fuß renoviert. Pompejanisch-rote Wände, graue Granittheke, weiße Kugellampen und dunkles Parkett zielen auf bürgerliche Seriosität, und diesem Begriff kann man das Restaurant insgesamt zuordnen. Küche und Keller wollen nicht mehr, und auch die freundlichen Damen und Herren des Service verbreiten eine mehr familiäre als feierliche Stimmung in den beiden kleinen Stuben. Auch die Speisekarte trumpft nicht auf, und die Weine wünscht man sich bei aller Bürgerlichkeit etwas vielfältiger. Überraschend aromatisch der Salat (3,50 €), sogar im Winter eine richtige Freude. Bei den Nudelgerichten sind einige scharf gewürzte (Pfeffer oder Knoblauch) empfehlenswert (6 - 7,50 €), die Scampi (18,50 €) durchweg frisch und knackig, während der Zander schon mal in zu viel Sahne aufweicht. Höhepunkte sind zweifelsohne Desserts wie Tiramisu und Cassata (je 5,50 €), die man selten in besserer Form vorfindet.

mario
leibnizstraße 43 - 10629 berlin
telefon 030 / 3 24 35 16
mo - fr 12.00 - 15.00 uhr
und 18.30 - 23.00 uhr
sa - So 18.30 - 23.00 uhr

novecento

novecento
grolmanstraße 21 - 10623 berlin
telefon 030 / 3 13 93 15
mo - sa 12.00 - 1.00 uhr
so 17.00 - 1.00 uhr

Dieser Italiener im Umkreis des Savignyplatzes bietet eine Zeitreise in die Rimini-Seligkeit der sechziger Jahre. So bunt, so verkitscht liebten die Urlauber damals ihre Trattoria, wo die Folklore in drei Schichten die Wände bedeckte. Die Mannschaft des „Novecento" konserviert diesen Stil bis in die Qualität der wenigen offenen Weine, der Gast wird selbstverständlich auf Italienisch angeredet, das Tonband spielt akustisch mit, und die Pastakarte ist umfangreich.

Bei den Nudelgerichten ist deren Hitze bemerkenswert, beim „Vitello Tonnato" (9,50 €) bedeckt der Thunfischmorast die dünnen Kalbfleischscheiben fingerhoch, das Tiramisu (5 €) ist hausgemacht, und die Minestrone wie von Mamma. Überdurchschnittlich ist nichts davon, aber wie meistens kann man sich auch in diesem O-sole-mio-Schuppen darauf verlassen, dass ein italienisches Restaurant in Berlin ein gewisses Niveau nicht unterschreitet.

weinstein

Was die Tauben für den Markusplatz, sind die Kneipen in Prenzlauer Berg: Unübersehbar und ein bisschen unhygienisch. Letzteres wird durch den Wahn der Berliner, auf dem Bürgersteig essen zu wollen, sobald der Regen nachlässt, noch verstärkt. Die meisten Gäste des „Weinstein" sitzen allerdings in den gemütlichen Stuben vor ihrem Wein, von dem es hier mehr Flaschen gibt als beim BSC. Auch das Essen macht Freude, denn gefüllter Kaninchenbauch und der Salat mit Pulpo, Tomaten und Chorizo sind originell und lecker.

weinstein (prenzlauer berg)
lychener straße 33 - 10437 berlin
telefon 030 / 4 41 18 42
mo - sa ab 17.00 uhr
so ab 18.00 uhr

centro-süd

Dieser Name steht auf einem billigen Blechschild über dem Restaurant, und das passt zur tristen Umgebung. Wer hier auf Feinkost hofft, ist ein Optimist. Doch hat sich dieser schlichte Italiener nicht angepasst. Im Centro-Süd ist alles frisch und handgemacht, die Antipasti kann man besichtigen, und die Hauptgerichte verraten einen sympathischen Ehrgeiz. Neben Pizza und Nudeln handelt es sich dabei um „gefüllte Tintenfische mit Spinat", „Gnocchi Sorrentina", „Kalbsschnitzel mit Gorgonzola", „Steinpilzsuppe" und andere Spezialitäten aus der „Mamma-Küche", deren sorgfältige Zubereitung und erträgliche Preise Freude machen.

Vergleicht man die Küche des Centro-Süd mit den Küchen der beliebten In-Italiener, kommt man ins Grübeln.

centro-süd
bülowstraße 10 - 10783 berlin
telefon 030 / 2 15 67 99
so - fr 12.00 - 15.00 uhr
und 18.00 - 24.00 uhr
sa 16.00 - 24.00 uhr

diekmann

diekmann
meinekestraße 7 - 10719 berlin,
telefon 030 / 8 83 33 21
www.j-diekmann.de
mo - sa ab 12.00 uhr
so ab 18.00 uhr

Auf den Tellern dieses alten Restaurants liest man das Wort „Kolonialwaren" und wundert sich nicht. Denn an zwei Wänden stehen bis unter die Decke Kastenregale eines alten Gemischtwarenladens und sorgen für eine fast biedermeierliche Atmosphäre. Auch die spitz gedrehten Servietten auf den blütenweißen Tischdecken sind entweder nicht klassenbewusst oder deuten gastronomische Ambitionen an. Die werden in der Küche tatsächlich realisiert. Neben einem täglichen Lunch-Teller (10,50 €) überraschen eine einfache aber leckere Zwiebelcreme (5,- €), knackige Scampi auf Kürbisgemüse (13,- €) oder ein perfekt gegarter Zander auf einem Grünkernsockel mit Spinat (15,- €). Alles vorzüglich.

Der Perfektion haben die Götter jedoch eine überall schmeckbare Süße in den Weg gelegt, wahrscheinlich stammt sie aus der Kolonialwarenzeit. Der gute hausgemachte Käsekuchen und andere Desserts leiden aber nicht darunter. Frust bleibt dem Weinfreund vorbehalten, der mit dem kümmerlichen Angebot des Kellers vorlieb nehmen muss.

al contadino sotto le stelle

Der bejahrte Uni-Ulk „Wie viele Studenten passen in einen Volkswagen?" wird hier zeitgemäß abgewandelt: Wie viel junges Volk passt in einen Italiener? Öffnet man die Tür dieses In-Lokals, fallen einem die ersten Gäste entgegen, und auf welchen Knien, Schößen und Stühlen man innen Platz findet, ist so ungewiss wie die Herkunft des italienischen Olivenöls. Nein, nicht die fürchterlich laute Musik, die man gottlob nicht hört, weil die Nudelesser noch lauter brüllen; nicht der blaue Himmel mit den goldenen Sternen über einem und nicht das angeschlagene Geschirr vom Sperrmüll beeindrucken am meisten, sondern die Frage, warum hier alle essen wollen, die da auf- und übereinander hocken und sich weder an der Primitivität des Ladens stören noch an den groben Speisen, die hier als toskanische Folklore verkauft werden. Liegt es an den gutgelaunten Burschen, die den Fraß verteilen? Oder manifestiert sich hier der deutsche Masochismus vor italienisch geschriebenen Speisekarten?

al contadino sotto le stelle
auguststraße 34 - 10119 berlin
telefon 030 / 2 81 90 23
täglich 18.00 - 24.00 uhr

enoiteca il calice

Dieser neue Platz im alten Westen ist nichts anderes als eine Piazza, was durch die Kolonnaden rechts und links noch betont wird. Kein Wunder, dass das hier maßgebende Restaurant unter der beliebten italienischen Flagge segelt. Doch sein Vorzug ist nicht die Küche, sondern der Weinkeller, dessen Inhalt von erfreulich sachkundigen Kellnern freundlichst empfohlen wird. Dazu gehören schöne Gläser und die Bereitwilligkeit, einen so feinen Chardonnay wie den „Borgo del Tiglio" aus dem Friaul (69 €) in eine Karaffe umzufüllen (was jedem fetten Chardonnay gut bekommt). Viele offene Weine zwischen 3 € und 13 €. Man sitzt trotz der Musikberieselung angenehm in dem großen, gut beleuchteten Raum, wo Handys nicht funktionieren und die Köche auch nachmittags arbeiten. Man sollte sich aber informieren, ob der Küchenchef anwesend ist, sonst braucht man für die gute Laune noch eine zusätzliche Flasche Ornellaia. Gemischte Vorspeisenteller 15 € u. 16 €, Pferdeschinken auf Rucola und Parmesan 11 €, Lammragout mit Artischocken und Polenta 16,50 €.

enoiteca-il-calice
walter-benjamin-platz 4 - 10629 berlin
telefon 030 / 3 24 23 08
www.enoiteca-il-calice.de
mo - sa ab 16.00 uhr
so ab 18.00 uhr

europa

europa
leibnizstrasse 31 - 10625 berlin
telefon 030 / 31 80 64 96
täglich 18.00 - 24.00 uhr (küche)

Die Gegend um den Savignyplatz ist so etwas wie die gebügelte Version des Oranienburger Kiez. Für die Thirty-somethings, die hier allabendlich die Gastronomie des Berliner Westens subventionieren, kommt es nicht darauf an, ob die klobigen Schuhe von Prada sind, sondern ob die Weine aus der Toskana stammen. Das tun sie im Europa überwiegend, und damit ist auch schon ein Einwand gegen dieses Lokal genannt. Nicht, dass die Italiener untrinkbar wären, aber wenn es schon ein Wiener Schnitzel auf der Speisekarte gibt, dann wäre ein Grüner Veltliner nicht zu viel verlangt. Dieses Schnitzel ist, um es gleich zu sagen, so absurd groß, als wolle man damit dem Figlmüller in Wien Konkurrenz machen (wo die Charterflüge aus aller Welt nur wegen der Schnitzelgröße zwischenlanden). Aber sonst ist wirklich nichts gegen das unscheinbare Restaurant mit den roten Bänken zu sagen. Nimmt man den ziemlich drögen Kartoffelsalat einmal aus, schmeckt alles gut, die Crostinis zum Wein ebenso wie die Nudeln zu den Scampis oder, vor allem, die scharfe Kokossuppe. Auch dabei setzt sich das Prinzip der großen Portionen durch, und überdies verströmen die Patrone und der Hauskellner so viel Herzlichkeit, dass sich nicht nur die Stammgäste in den zwei kleinen Räumen pudelwohl fühlen. Die Weinkarte ist trotz der Italiener mehr als bescheiden.

florian

Ständig überfüllter Promi-Treff, wo die lustige Wirtin einem erklärt, weshalb die Gäste prominent sind. Weinkenner sind sie nicht, auch Gourmets spielen auf anderen Plätzen. Obwohl die scharfen Nudeln mit Mandeln und Rosinen ebenso durstfreundlich sind wie, in einer anderen Liga, das Kaisergulasch vom Kalb. Wenn man sich durchprobiert hat bis zur lockeren Schokomousse, kommt einem der Blauburgunder aus Königsschaffhausen nicht mehr italienisch vor, und die Sache ist wieder im Lot.

florian
grolmanstraße 52 - 10623 berlin
telefon 030 / 3 13 91 84
täglich 18.00 - 3.00 uhr

die zwölf apostel

die 12 apostel
georgenstraße 2 - 10117 berlin
telefon 030 / 2 01 02 22
www.12-apostel.de
täglich ab 12.00 uhr

Unter der S-Bahn-Linie an der Friedrichstraße hat sich in den Arkaden eine ganze Antiquitätenstraße installiert, welche erst kurz vor der Museumsinsel endet. Abgeschlossen wird die Parade der Silbertabletts, Krokokoffer und Gallévasen durch die größte Pizzeria in Berlin-Mitte. In drei riesigen, mit bunten Fresken bemalten Räumen, an schlichten Holztischen auf Steinfußböden, sitzt mittags der studentische Nachwuchs Berlins und futtert Pizza. Die sind wunderbar dünn und frisch (man wähle jene mit dem Vermerk „scharf", da die anderen etwas schlapp gewürzt sind) und von 8,18 € bis 10,23 € pro halber Quadratmeter nicht teuer; Studenten zahlen mittags fast nur die Hälfte. Auch die Nudelgerichte (Tagliatelle 8,43 €) sind eine Portion für Schwerdenker, das Tiramisu ein süßer Matsch, aber der Chardonnay (4,60 €) zersetzt den Kalorienberg in der gleichen Geschwindigkeit, mit der alle drei Minuten die S-Bahnen über die bunten Decken donnern.

piccolo

Auf den ersten Blick eine sehr gemütliche Kneipe mit rohen Holztischen und Weinausschank im Nebenhaus. Der zweite Blick fällt auf das Foto-Museum an den Wänden, und das ist nicht jedermanns Geschmack. Dort sieht man nämlich nur deutsche Politiker der letzten vierzig Jahre, und zwar mit an den Mund gehobenem Glas (Wein, Bier, auch aus der Flasche). Schlimmer als für Blaukreuzler sind für Ästheten die glatt rasierten Gesichter der Repräsentanten, die in der Bundesrepublik einmal wichtig waren und unser aller Schicksal bestimmt haben.

Nicht, dass die Lektüre der Speisekarte überaus trostreich wäre. Sie ist klein, absichtsvoll bescheiden und wirbt nur für preiswerte Speisen , wie den Flammenkuchen (7,50 €), der unter der Last der durstfördernden Schinkenwürfel beinahe zusammenbricht. Auch der Sauerbraten vom Wildschwein ist mit 14,50 € kein Wucher, aber selten so zart wie einer vom Rind. Dafür hält die nicht übermäßig große Weinkarte einige Flaschen bereit, an denen man sich uneingeschränkt erfreuen kann. Im Hof ist sinnigerweise eine alte Trotte zu besichtigen, doch an den Tischen wird man unbarmherzig mit den Fotos konfrontiert.

piccolo
reinhardtstraße 37 - 10117 berlin
telefon 030 / 28 04 73 23
www.weinstube-piccolo.de
mo - sa 17.00 - 1.00 uhr

café de france

café de france (c/o peugeot avenue berlin)
unter den linden - 10117 berlin
telefon 030 / 2 06 41 39-0
mo - fr 9.00 - 20.00 uhr
sa - so und feiertag 10.00 - 18.00 uhr

Dass Speisekarten auch in Autosalons hängen, wundert niemanden, und es fragt sich, ob es jemanden störte, wenn sie demnächst auch unter den Kanzeln der Kirchen aufgestellt würden.

Jedenfalls haben die großen Automarken zwischen ihren hochglanzpolierten Benzinschluckern Bistrotische platziert, damit die verehrte Kundschaft beim Studium der Extras eine Kürbiscremesuppe löffeln kann. VW, Daimler-Chrysler, Audi – wer einen eleganten Show Room in der City besitzt, versteht sich neuerdings als Wirt. Empfehlenswert ist allerdings nur Peugeot, weil man dort über den Karossen auf der Empore komfortabel und nischenhaft intim sitzen kann. Außerdem versprechen sie so etwas wie cuisine française, wozu nach meiner Meinung auch ein anständiger Wein gehört. Doch der beste, den sie auf der kleinen Karte haben, ist eine halbtrockene Wehlener Sonnenuhr von J. J. Prüm, wohingegen der Sancerre nur in der Farbe rosa existiert und der halbe Liter Tourraine im Waschwasserbehälter eines 604 besser am Platz wäre als in meinem Glas. Dafür freut man sich über die bescheidenen Preise. Später stellt sich heraus, dass auch das Essen nur bescheiden ist, nämlich eine Cremesuppe stark gesalzen, die Perlhuhnkeulen trocken und fad sind, und auch der überbackene Fischteller hinterlässt den Eindruck, er sei in der Pariser Peugeot Kantine vorgekocht und verschweißt worden, bevor er „Unter den Linden" seine letzte Parklücke fand. Aber, wie gesagt, man sitzt da oben ganz allerliebst.

catherine's

Wer im Kaufhaus Dussmann, das nichts anderes verkauft als Literatur und Musik, über dem Studium der unzähligen CDs und Bücher die Zeit vertrödelt, hat meine Sympathie. Will er dann, von einer Hungerattacke zu Boden geworfen, in unmittelbarer Nähe etwas essen, kann er mit meinem Mitleid rechnen. Weil er wahrscheinlich nicht weiß, dass dieses fabelhafte Kaufhaus auch ein eigenes Restaurant unterhält. Nicht ganz so fabelhaft, zugegeben. Diese Einschränkung verdankt es dem amerikanischen Stil der dort praktizierten Küche. Das bedeutet viel Weißbrot als Unterlage, Semi-Sandwiches als Hauptgerichte und süße Kalorienbomben zum Dessert. Ich kann nicht leugnen, dass all diese Dinge gut gewürzt sind, aber ebenso wenig übersehen, dass sie in einem Sumpf von mehligen Saucen liegen oder damit begossen sind. Wenn man wissen will, wie weltenweit europäische Alltagsküche von amerikanischer Hausmannskost entfernt ist, dann sollte man hier essen. Auch von den wenigen Weinen aus Kalifornien hatte ich zunächst den Eindruck, sie hätten schon wochenlang offen im Kühlschrank gestanden, musste mich aber von der freundlichen Bedienung belehren lassen, dass die Flasche gerade erst geöffnet worden sei. (Chicken a la King 8,- €; Rigatoni with bacon 7,50 €; Chardonnay Fetzer 4,50 €)

catherine's
friedrichstraße 90 - 10117 berlin
telefon 030 / 20 25 15 55
mo - sa 11.00 - 22.00 uhr

lafayette

Dieses Kaufhaus als ständige Vertretung französischer Produkte zu bezeichnen, ist sicherlich auch im Sinne des Unternehmens. Im Souterrain beschränkt sich dieser Anspruch auf Wein, Käse, Brot sowie Fisch und Fleisch.

Und überall laden Tisch und Stühle zu kulinarischen Experimenten. Am besten geschützt vor einkaufenden Mitmenschen sitzt man in der Weinabteilung, da gibt es aber nur Terrinen und Wurst zu essen. Für Nudelteller muss man sich anstellen, viel Selbstbedienung überall zeugt von der Unterwerfung unter die Fastfoodisierung. Empfehlenswert vor allem der Einzugsbereich der Fischtheke. Dort kostet das Dutzend Austern weniger als bei der Konkurrenz im Westen, dem KaDeWe; die gehen aber auch einzeln über die Theke.

lavayette
französische straße 23 - 10117 berlin
telefon 030 / 2 09 48-0
www.lafayette-berlin.de
mo - fr 9.30 - 20.00 uhr
sa 9.00 - 16.00 uhr

Ein ordentliches Glas Chablis ist auch zu haben. Warme Gerichte werden sogar fast an den Tisch gebracht. Unter anderem eine sehr ordentliche Seezunge und ein ebenfalls korrekt gegartes Stück vom Lachs. Leider werden sie durch mehlig-fade Saucen (Senf und Roquefort) ihres Charmes beraubt, wo salzige Butter den frischen Fischen gerechter geworden wäre. Nicht anders beim Brot: wäre das Holzofenbrot von Poîlane (hier ebenfalls im Verkauf) nicht besser als die blassen Baguettes?

kadewe

Die sechste Etage dieses Jumbo-Kaufhauses mit Weltruhm fasst noch einmal alles zusammen – nein, nicht alles, jedoch vieles davon – was man eine Etage tiefer mit monumentaler Verstörung gesehen und probiert hat. Die wohl größte Auswahl an Delikatessen und Studentenfutter, die man in Europa findet. Vom ordinären Wurstsalat bis zur frischen Gänsestopfleber, von Sushis und Sashimi, die ein japanischer Koch routiniert zubereitet, bis zu Kohlrouladen, Kaviar und Käsesandwiches kann der hungrige oder genussgeile Kunde alles verkasematuckeln, wonach ihm der Sinn steht. Die Lebensmittelabteilung des KaDeWes würde die ganze Economy Class der Berliner Gastronomie überflüssig machen, sofern deren Gäste aufs gemütliche Zusammensein noch um Mitternacht und schummeriges Kerzenlicht verzichten würden. Wollen sie natürlich nicht; deshalb sitzen sie tagsüber an diesen Bartheken, wo die üblichen Haken für Handtaschen von Jungdynamikern zu Garderobenhaken umfunktioniert werden, weil sie keine Auster runterkriegen, so lange sie ihr Jackett noch anhaben.

Die Austerntheke gehört zu meinen Lieblingsplätzen, weil wer dort zwischen Creuse, Lijmford und Loch Fyne Austern zu unterscheiden weiß, kein ganz schlechter Mensch sein kann, auch wenn er als Getränk oft genug "ne Witwe" bestellt. Es ist eben die große Welt, die sich hier trifft. Schon allein der frisch geräucherte Aal, der zusammen mit Spargelsalat aus der Dose, 2 Wachteleiern, rot-grüner kalter Gemüsekoalition, Apfelmeerrettich sowie Schwarzbrot und Butter serviert wird, allein diese seltene und kompakte

kadewe
tauentzienstraße 21-24 (6. etage) - 10789 berlin
telefon 030 / 21 21-0
www.kadewe.de
mo - fr 09.30 - 17.30 uhr
sa 9.30 - 16.00 uhr

Delikatesse ist einen Umweg durch das Labyrinth der Edelkonserven wert. Aber eine halbe Portion genügt völlig, andernfalls wird ein Linien Aquavit fällig!

Nach den Austern wäre ein Besuch bei den Antipasti eine Steigerung, weil man sich hier den ganzen mediterranen Kleinkram auf den Teller packen lassen kann, was möglicherweise inzwischen unter den Begriff „downloaden" fällt.

Nur einen Abstecher in die Weinabteilung sollte man sich verkneifen, weil dort alle Flaschen herumstehen, die man zu gerne im eigenen Keller hätte, aber nicht bezahlen kann. Auch im Schlaraffenland gibt es Türen, auf den geschrieben steht: „Nur für Besserverdienende".

einstein

War einmal ein Filmstar, hieß Hedy Lamarr und hat in dieser Villa gewohnt. Eine schöne Villa mit Parkett und einer überwiegend jugendlichen Kaffeehausgesellschaft in den gut gefüllten Räumen im Parterre, die sich den renommierten Käsekuchen mit einer Melange runterspült. Nebenan, nur durch einen bizarren Kleiderständer getrennt, wird in einer getäfelten Bibliothek an weißgedeckten Tischen gegessen. Dort haben 22 Leute Platz und bestellen Wiener Schnitzel. Dazu gibt es aber keinen Vogerl-, sondern einen gemischten, bunten Salat mit Zwiebeln. Die Kartoffeln sind kein Erdäpfelsalat, wie es traditionellerweise sein müsste, dafür ist der panierte Fleischfladen fast so riesig wie beim Figlmüller im 1. Bezirk und schmeckt mindestens so fade. Auch andere Dinge sind mit der Wiener Küche verwandt, so der Tafelspitz, der um 13 Uhr schon ausverkauft ist und der Kaiserschmarrn, den man nur als halbe Portion bestellen sollte. Der offene österreichische Riesling lockt sogar im Frostwetter Essigfliegen an, schaffte dies bei mir jedoch nicht.

einstein
kurfürstenstraße 58 - 10785 berlin
telefon 030 / 2 63 91 90
www.cafeeinstein.com
täglich 9.00 - 1.00 uhr

ganymed

ganymed
schiffbauerdamm 5 - 10117 berlin
telefon 030 / 28 59 90 46

Ein so genanntes Traditionslokal wegen Brecht und vielleicht auch wegen der „Kartoffelsuppe Berliner Art", die jene Tradition beschwört, welche man zusammen mit dem Hohenfriedberger Marsch und der Mauer in der Mottenkiste vermutete. Es gibt noch andere Untote in diesem hübschen Lokal mit der schwarzen Täfelung und den weißen Tischdecken. So die mumifizierte Havelländer Ente mit dem Serviettenknödel, der gut durchgetrocknete Zander auf buntem Gemüsematsch und eine Birnentarte aus echter Plaste. Vor dem Rückfall in alte DDR-Seligkeit schützt der Chardonnay von Bründlmeyer. Unprofessionelle Bedienung.

diener

Mühsam konserviertes Fossil aus der Bierkneipenzeit mit Pils vom Fass und Bratwurst wie bei Vattern. Hier meditieren dem Schampus Entronnene über ein Leben nach dem Kaviar. Unter den über hundert gerahmten Portraits von prominenten Stammgästen des vorigen Jahrhunderts spachteln sie hausgemachte Königsberger Klopse und andere Hausmannskost und überlegen, wohin für den notwendigen Verdauungsschnaps.

diener
grolmanstraße 47 - 10623 berlin
telefon 030 / 8 81 53 29
täglich ab 18.00 uhr

alphabetisches Register

10117 Berlin	030 / 28 38 73 71	www.adermann.de
10117 Berlin	030 / 22 61 - 15 55	www.hotel-adlon.de
10117 Berlin	030 / 2037518-50	www.aignergendarmenmarkt.de
10119 Berlin	030 / 2 81 90 23	
14059 Berlin	030 / 3 25 71 10	www.ana-e-bruno.de
10789 Berlin	030 / 2 11 86 87	
10777 Berlin	030 / 218 42 82	www.schloss-glienicke.de
10117 Berlin	030 / 20 67 28 28	www.boccadibacco.de
10117 Berlin	030 / 20 38 71 10	
10707 Berlin	030 / 8 81 84 61	www.bovril.de
10117 Berlin	030 / 20 45 35 01	www.brasserieamgendarmenmarkt.de
10117 Berlin	030 / 2 06 41 39 - 0	
10623 Berlin	030 / 8 85 47 47	
10117 Berlin	030 / 25 25 15 55	
10783 Berlin	030 / 2 15 67 99	
10789 Berlin	030 / 21 40 56 50	www.brandenburger-hof.com
10117 Berlin	030 / 2010222	www.12-apostel.de
10719 Berlin	030 / 8833321	www.j-diekmann.de
10623 Berlin	030 / 8815329	
10117 Berlin	030 / 2044422	
10785 Berlin	030 / 2 63 91 90	www.cafeeinstein.com
10117 Berlin	030 / 28598585	www.engelbrecht-berlin.de
10629 Berlin	030 / 3242308	www.enoiteca-il-calice.de
13357 Berlin	030 / 4617433	
10117 Berlin	030 / 20165496	
10965 Berlin	030 / 78098800	www.hotel-riehmers-hofgarten.de
10625 Berlin	030 / 31 80 64 96	

alphabetisches Register

10785 Berlin	030 / 5 90 05 12 34	www.madison-berlin.de
10787 Berlin	030 / 2502 - 1020	www.palace.de
10623 Berlin	030 / 3139184	
10117 Berlin	030 / 20336363	www.fourseasons.com
10117 Berlin	030 / 2 33 39	www.westin-grand.com
10117 Berlin	030 / 28 59 90 46	
10435 Berlin	030 / 4 42 92 29	
10117 Berlin	030 / 20 94 26 00	www.guy-restaurant.de
10117 Berlin	030 / 28 04 16 16	
10117 Berlin	030 / 22 48 81 47	
10623 Berlin	030 / 3 12 81 57	
10789 Berlin	030 / 21 21 - 0	www.kadewe.de
10623 Berlin	030 / 31 50 78 15	www.kuchi.de
10117 Berlin	030 / 2 09 48 - 0	www.lafayette-berlin.de
10117 Berlin	030 / 20 94 50 70	www.restaurant-langhans.de
10967 Berlin	030 / 6 93 01 01	
14193 Berlin	030 / 8 95 84 - 520	www.regenthotels.com
10117 Berlin	030 / 2 06 29 03 33	www.lindenlife.de
10117 Berlin	030 / 22 61 - 19 60	www.hotel-adlon.de
10623 Berlin	030 / 8 82 37 56	
10117 Berlin	030 / 2 02 95 40	www.lutter-wegner-gendarmenmarkt.de
10719 Berlin	030 / 88 57 82 - 0	
10117 Berlin	030 / 28 04 55 10	www.manzini-mitte.de
10117 Berlin	030 / 22 65 26 11	www.margaux-berlin.de
10629 Berlin	030 / 3 24 35 16	
10115 Berlin	030 / 2 80 71 21	www.restaurant-maxwell.de
10117 Berlin	030 / 28 38 64 61	ww.mcbride.de

alphabetisches Register

10119 Berlin	030 / 30 87 26 43	
10789 Berlin	030 / 22 01 00	www.swissotel.com
10623 Berlin	030 / 31 01 50 94	
10623 Berlin	030 / 3 13 93 15	
10623 Berlin	030 / 3 13 31 62	www.ottenthal.de
10178 Berlin	030 / 27 90 88 11	www.panasia.de
10623 Berlin	030 / 3 13 80 52	
10557 Berlin	030 / 3 94 20 81	www.paris-moskau.de
10117 Berlin	030 / 28 04 73 23	www.weinstube-piccolo.de
10117 Berlin	030 / 20 45 54 96	www.tantris.de/portalis.html
10785 Berlin	030 / 25 37 89 45	
10115 Berlin	030 / 24 62 87 60	www.rutz-weinbar.de
10969 Berlin	030 / 2 52 11 55	
10178 Berlin	030 / 28 39 16 98	
10781 Berlin	030 / 2 11 19 90	www.shima-world.de
10117 Berlin	030 / 28 59 87 36	www.staendigevertretung.de
10999 Berlin	030 / 61 07 32 16	
10785 Berlin	030 / 25 53 12 34	www.berlin.hyatt.de
10117 Berlin	030 / 20 29 73 - 0	www.viehhauser.de/vau/
14193 Berlin	030 / 8 95 84 - 530	www.regenthotels.com
10785 Berlin	030 / 25 53 12 34	www.berlin.hyatt.de
10437 Berlin	030 / 4 41 18 42	
10117 Berlin	030 / 20 64 96 69	
10117 Berlin	030 / 28 04 57 01	
10787 Berlin	030 / 26 02 12 63	www.berlin.interconti.com

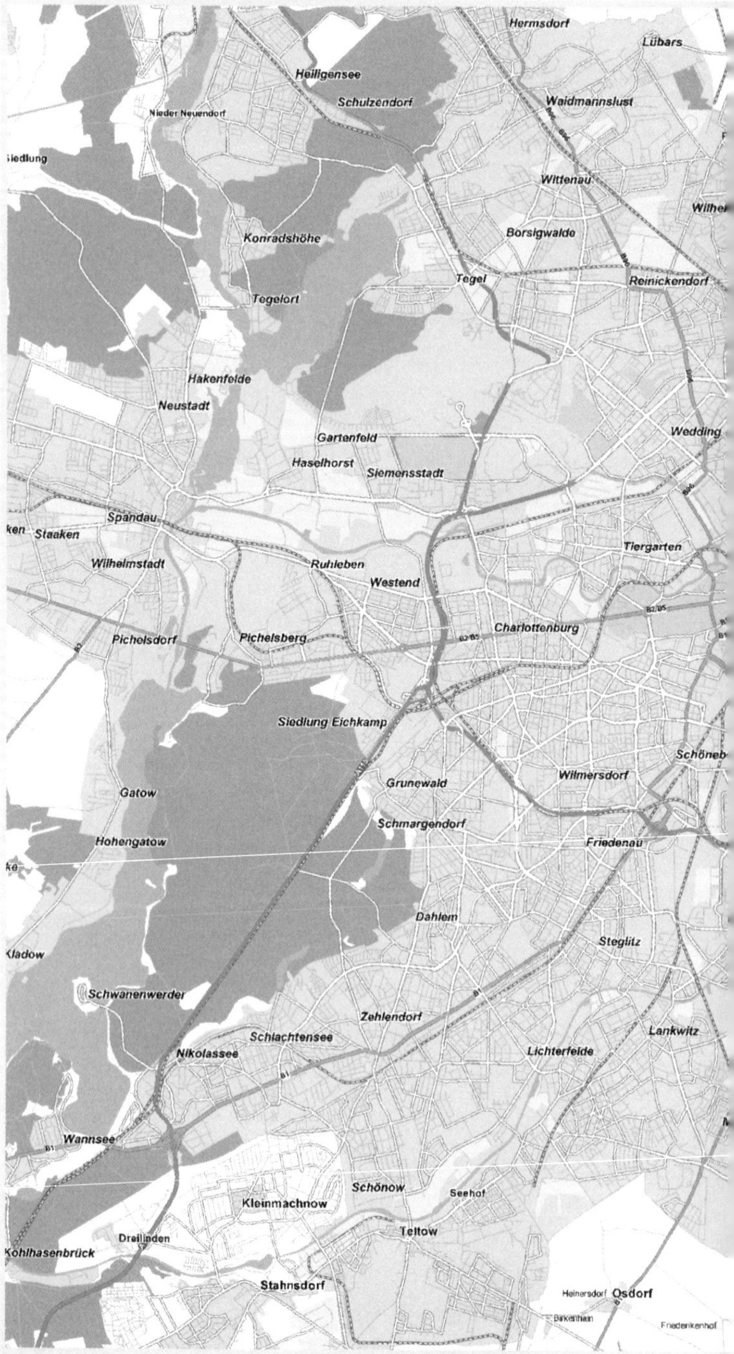
Hermsdorf
Lübars
Heiligensee
Schulzendorf
Nieder Neuendorf
Waidmannslust
Wittenau
Borsigwalde
Konradshöhe
Tegel
Reinickendorf
Tegelort
Hakenfelde
Neustadt
Gartenfeld
Wedding
Haselhorst
Siemensstadt
Spandau
Staaken
Tiergarten
Wilhelmstadt
Ruhleben
Westend
Charlottenburg
Pichelsdorf
Pichelsberg
Siedlung Eichkamp
Wilmersdorf
Grunewald
Gatow
Schmargendorf
Hohengatow
Friedenau
Dahlem
Steglitz
Schwanenwerder
Zehlendorf
Lankwitz
Schlachtensee
Nikolassee
Lichterfelde
Wannsee
Schönow
Seehof
Kleinmachnow
Dreilinden
Teltow
Kohlhasenbrück
Stahnsdorf
Heinersdorf
Osdorf
Birkenhain
Friederikenhof